山东省高等学校青创人才引育计划

“传统工艺振兴研究”创新团队项目成果

◎殷波　主编　/　毛晓帅　副主编

山东省乡村文化振兴案例汇编

齊魯書社

图书在版编目（CIP）数据

山东省乡村文化振兴案例汇编 / 殷波主编. -- 济南：齐鲁书社, 2021.10
ISBN 978-7-5333-4488-7

Ⅰ. ①山… Ⅱ. ①殷… Ⅲ. ①农村文化－文化事业－建设－案例－山东 Ⅳ. ①G127.52

中国版本图书馆CIP数据核字(2021)第193699号

责任编辑　贺　伟
责任校对　王其宝　赵自环
装帧设计　刘羽珂

山东省乡村文化振兴案例汇编

SHANDONG SHENG XIANGCUN WENHUA ZHENXING ANLI HUIBIAN

殷波　主编

主管单位　山东出版传媒股份有限公司
出版发行　齊魯書社
社　　址　济南市英雄山路189号
邮　　编　250002
网　　址　www.qlss.com.cn
电子邮箱　qilupress@126.com
营销中心　（0531）82098521　82098519　82098517
印　　刷　日照日报印务中心
开　　本　889mm×1194mm　1/32
印　　张　8.5
插　　页　2
字　　数　204千
版　　次　2021年10月第1版
印　　次　2021年10月第1次印刷
标准书号　ISBN 978-7-5333-4488-7
定　　价　38.00元

目　录

总　论

自2017年提出乡村振兴战略以来，山东省各地市认真落实中央决策部署，在打造乡村振兴“齐鲁样板”方面取得了一定的成绩。本文将对山东省实施乡村振兴战略以来制定和出台的各项制度、措施进行梳理，对山东省乡村振兴取得的成绩和经验进行总结。

一、乡村振兴战略的提出

2017年10月18日，习近平总书记在中国共产党第十九次全国代表大会上的报告中首次提出实施乡村振兴战略。党的十九大报告指出：

农业农村农民问题是关系国计民生的根本性问题，必须始终把解决好“三农”问题作为全党工作重中之重。要坚持农业农村优先发展，按照产业兴旺、生态宜居、乡风文明、治理有效、生活富裕的总要求，建立健全城乡融合发展体制机制和政策体系，加快推进农业农村现代化。巩固和完善农村基本经营制度，深化农村土地制度改革，完善承包地“三权”分置制度。保持土地承包关系稳定并长久不变，第二轮土地承包到期后再延长三十年。深化农村集体产权制度改革，保障农民财产权益，壮大集体经济。确保国家粮食安全，把中国人的饭碗牢牢端在自己手中。构建现代农业产业体系、生产体系、经营体系，完善农业支持保护制度，发展多种形式适度规模经营，培育新型农业经营主体，健全农业社会化服务体系，实现小农户和现代农业发展有机衔接。促进农村一二三产业融合发展，支持和鼓励农民就业创业，拓宽增收渠道。加强农村基层基础工作，健全自治、法治、德治相结合的乡村治理体系。培养造就一支懂农业、爱农村、爱农民的“三农”工作队伍。①

2018 年 2 月 4 日，《中共中央国务院关于实施乡村振兴战略的意见》正式发布。该意见阐述了新时代实施乡村振兴战略的重大意义，提出了实施乡村振兴战略的总体要求、应当坚持的基本

① 习近平：《决胜全面建成小康社会夺取新时代中国特色社会主义伟大胜利——在中国共产党第十九次全国代表大会上的报告》，人民网 2017 年 10 月 28 日发布，网址：http：//cpc. people. com. cn/n1/2017/1028/c64094-29613660. html。

原则，以及如何实现乡村振兴的具体措施。《意见》指出，实施乡村振兴战略应当“坚持农民主体地位。充分尊重农民意愿，切实发挥农民在乡村振兴中的主体作用，调动亿万农民的积极性、主动性、创造性，把维护农民群众根本利益、促进农民共同富裕作为出发点和落脚点，促进农民持续增收，不断提升农民的获得感、幸福感、安全感”①。

2018 年 3 月 5 日，李克强总理在政府工作报告中再次强调，要大力实施乡村振兴战略，“推动农村各项事业全面发展。完善农村医疗、教育、文化等公共服务。改善供水、供电、信息等基础设施，新建改建农村公路 20 万公里。稳步开展农村人居环境整治三年行动，推进‘厕所革命’和垃圾收集处理。促进农村移风易俗。健全自治、法治、德治相结合的乡村治理体系。大力培育乡村振兴人才。我们要坚持走中国特色社会主义乡村振兴道路，加快实现农业农村现代化”②。

此后，习近平总书记、李克强总理等党和国家领导人曾先后对如何实施乡村振兴战略做出过批示。例如 2018 年 7 月 5 日，习近平总书记对实施乡村振兴战略做出重要指示：“要坚持乡村全面振兴，抓重点、补短板、强弱项，实现乡村产业振兴、人才

---

① 《中共中央国务院关于实施乡村振兴战略的意见》，新华网 2018 年 2 月 4 日发布，网址：http：//www.xinhuanet.com/politics/2018－02/04/c_1122366449.htm。

② 李克强：《政府工作报告——2018 年 3 月 5 日在第十三届全国人民代表大会第一次会议上》，中国政府网，网址：http：//www.gov.cn/zhuanti/2018lh/2018zfgzbg/zfgzbg.htm。

振兴、文化振兴、生态振兴、组织振兴，推动农业全面升级、农村全面进步、农民全面发展。要尊重广大农民意愿，激发广大农民积极性、主动性、创造性，激活乡村振兴内生动力，让广大农民在乡村振兴中有更多获得感、幸福感、安全感。要坚持以实干促振兴，遵循乡村发展规律，规划先行，分类推进，加大投入，扎实苦干，推动乡村振兴不断取得新成效。”①

二、山东省乡村振兴战略的实施情况

习近平总书记参加十三届全国人大一次会议山东代表团审议时，就实施乡村振兴战略特别是推动产业振兴、人才振兴、文化振兴、生态振兴、组织振兴和乡村振兴健康有序进行作出重要指示，要求山东充分发挥农业大省优势，打造乡村振兴的齐鲁样板，为山东省做好乡村振兴工作指明了前进方向，提供了根本遵循，注入了强大动力。自习近平总书记提出乡村振兴战略以来，山东省委、省政府认真贯彻、落实，相继出台了一系列有关乡村振兴的政策、制度、措施。

2017 年 12 月 28 日，山东省财政厅、山东省精神文明建设委员会办公室印发了《山东省省级乡村文明行动建设示范工程资金

① 《习近平对实施乡村振兴战略作出重要指示强调　把实施乡村振兴战略摆在优先位置　让乡村振兴成为全党全社会的共同行动》，《新华每日电讯》2018 年 7 月 6 日，网址：http：//www. xinhuanet. com/mrdx/2018-07/06/c_137304638. htm。

管理办法》。该专项资金专门用于山东省乡村文明建设。乡村文明建设行动是实施乡村振兴战略的重要举措。

2018 年 5 月，山东省委、省政府印发了《山东省乡村振兴战略规划（2018—2022 年）》和 5 个工作方案。该《规划》明确提出了差异化推进村庄发展的“三步走”战略：“顺应乡村发展规律和演变趋势，针对沿海、平原、山丘区、滩区、湖区等乡村面貌，探索适宜性路径，实施‘三步走’战略，每五年一个大台阶，到 2022 年，全省生态宜居美丽乡村取得重要突破，30%的村庄基本实现农业农村现代化；到 2030 年，山东特色美丽乡村整体塑形，60%的村庄基本实现农业农村现代化；到 2035 年，广大乡村‘齐鲁风情画’全面展现，全部村庄基本实现农业农村现代化。综合考虑建设形态、居住规模、服务功能等因素，分类推进村庄建设。”①

2018 年 7 月，山东省人民政府相继发布了《山东省美丽村居建设“四一三”行动推进方案》《山东省新旧动能转换现代高效农业专项规划（2018—2022 年）》。《山东省美丽村居建设“四一三”行动推进方案》明确指出了山东省美丽村居建设的总体要求：“组织开展美丽村居建设‘四一三’行动，集中打造胶东、鲁中、鲁西南、鲁西北 4 大风貌区，布局建设胶东海滨、沂蒙山区、黄河沿岸、大运河沿线、青兰-京沪高速沿线、日兰高

① 山东省委、省政府：《山东省乡村振兴战略规划（2018—2022 年）》，转引自山东省发展和改革委员会网站，网址：http://fgw.shandong.gov.cn/art/2018/5/11/art_91082_7278873.html。

速沿线、京沪高铁-京台高速沿线、滨莱-京沪高速沿线、荣乌-长深高速沿线、青银-荣潍-沈海高速沿线等10条风貌带，培育300个地域文化鲜明、建筑风格多样、田园风光优美的美丽村居建设省级试点，着力彰显‘鲁派民居’新范式，统筹推进生产美产业强、生态美环境优、生活美家园好‘三生三美’乡村发展，为加快全省新旧动能转换、全面开创新时代现代化强省建设新局面提供有力支撑。”①《山东省新旧动能转换现代高效农业专项规划（2018—2022年）》提出了“发展现代高效农业，主要依靠先进科学技术、优良物质装备、集约组织方式、新型从业人才，通过拉长产业链条，推进绿色生产，提高产品质量，提升经济效益，加快实现农业由传统产业到高质高效产业转变”的总体要求。

2018年8月，山东省人民政府办公厅发布了《关于加快全省智慧农业发展的意见》。该《意见》指出了加快全省智慧农业发展建设的目标：“围绕农业、林业、畜牧、渔业全产业链发展，以产业发展为基础，以数据应用为统领，以试验示范为支撑，到2022年，实现数据互联互通、产业融合发展、服务高效便捷的智慧农业发展目标，加快涵盖农业、林业、畜牧、渔业的智慧农业大数据应用工程建设；建设济南、青岛、潍坊3个智慧农业试验区，依托生态优美的乡村旅游资源和特色农产品优势区，开展

---

① 山东省人民政府办公厅：《山东省美丽村居建设“四一三”行动推进方案》，网址：http：//www.shandong.gov.cn/art/2018/7/16/art_2259_28193.html。

特色农业智慧小镇、农产品质量安全和电商快递服务农产品出村建设；以潍坊、临沂、济宁、德州为中心，依托农产品区域批发市场，建设4个区域性现代农业智慧物流基地，在全省范围内建设100个农产品智慧批发市场；建设以特色粮经、园艺产品、畜产品、水产品和林特产品等五大特色产业为基础的400个智慧农业应用基地；实施信息进村入户工程，全省建设7万余个益农信息社，实现村民享受公益服务、便民服务、邮政快递、电子商务和培训体验服务不出村。”①

2018年12月，山东省人民政府办公厅印发了《山东省打好农业农村污染治理攻坚战作战方案（2018—2020年）的通知》，提出了农业绿色生态发展、农村人居环境整治、农村生态环境保护与修复、农业农村生态环境监管的主要目标。

2019年5月，山东省财政厅、中共山东省委农业农村委员会办公室印发了《山东省乡村振兴重大专项资金管理暂行办法》。

三、山东省乡村振兴“齐鲁样板”取得的成绩和经验

自乡村振兴战略实施以来，山东省乡村振兴“齐鲁样板”建设取得了一定的成绩。2019年12月，山东省发展改革委农村

① 《山东省人民政府办公厅关于加快全省智慧农业发展的意见》，鲁政办字〔2018〕142号，网址：http：//www.shandong.gov.cn/art/2018/8/20/art_2259_28470.html。

经济处公示了山东省乡村振兴示范县、乡、村拟认定名单（首批），认定首批山东省乡村振兴示范县（市、区）8 个、示范乡（镇、街）90 个、示范村（社区）900 个。

根据山东省各地的乡村振兴建设经典案例①，可以将山东省乡村振兴的经验归纳概括为以下几个方面：

第一，深入发掘乡村社会的传统乡民艺术资源，大力弘扬乡民艺术传统，进而促进乡村社会的文化振兴。民间舞蹈、民间小戏等乡民艺术是广大民众在长期的生产和生活实践中自发形成的艺术表演形式，民众通过这些民间艺术形式来放松身心、自娱自乐、传承文化。因此，乡民艺术是乡村振兴过程中可资利用的宝贵财富。济南市济阳区仁风镇流河村、章丘区文祖镇三德范村、潍坊昌邑市龙池镇、聊城市茌平区杜郎口镇董庄村、德州市临邑县兴隆镇等都通过大力弘扬、传承乡民艺术而实现了乡村文化振兴。

第二，积极编修村史、村志，修建村史馆、记忆馆，保留乡民文化和历史记忆，促进乡村文化振兴。历史典籍记录的往往是“大历史”，一个个乡村的历史和文化记忆很少被正式记录。然而，对于广大乡民来说，村落社会的文化和历史记忆是至关重要的。全面记录和保留乡村社会的文化和历史记忆，是实现乡村社会振兴的必要条件。因此，近年来，许多村庄开始自发编修村史、村志，有的甚至修建了乡村记忆馆，通过举办展览来传承乡

---

① 本书采集的案例，截止时间为 2019 年底。

村历史记忆。例如淄博市周村区王村镇李家疃村、烟台市蓬莱阁街道水城社区、潍坊诸城市石桥子镇刘家庄、济宁市兖州区兴隆庄街道王家楼村等，这些乡村都积极传承乡村历史文化记忆，实现了乡村文化振兴。

第三，深入开展尊老爱幼等志愿服务行动，助力乡村振兴。改革开放以来，我国经济持续高速发展，城市化进程不断加速推进，越来越多的村民进城务工。随之而来的是乡村社会的空巢老人、留守儿童越来越多。要想实现乡村社会的全面振兴，解决乡村社会的空巢老人和留守儿童问题刻不容缓。因此，山东省各地市积极开展了一系列尊老爱幼的志愿服务行动。例如，济南市平阴县玫瑰镇设立了儿童成长驿站，有效解决了留守儿童的教育问题；淄博市临淄区辛店街道以寨子村、安里村做试点，开展了一系列孝心活动，如孝心宴、给父母洗脚、文艺汇演、送全家福等孝心活动；聊城市东阿县大桥镇毕庄村建立了日间照料中心，设护理员 1 人、乡村医生 1 人，为村内无劳动能力的贫困老人、留守老人提供托管式养老服务。

第四，充分利用乡民智慧，发挥村民主体作用，通过网格化管理等乡村自治手段带动乡村社会振兴。广大民众是乡村社会的主体力量，要实现乡村振兴就应当充分利用乡民智慧，激励他们发挥主体作用。近年来，山东省各地充分发挥乡民自身的作用，采取了网格化治理等民间自治手段，促进了乡村振兴。例如，济南市槐荫区兴福街道油牌赵村设置了宣传员、卫生员、维修员、调解员、协调员五大专员，设立了为民服务热线，促进了村庄和谐；淄博市博山区新泰山社区运用网格化党建管理模式，充分发挥区域化互联网网络信息平台作用，形成了上下贯通、全面覆盖的街道、社区党建网络体系；济宁市泗水县杨柳镇河套园村成立了“老人社”“应急社”，实现了村落有序、安定。

第五，因地制宜，大力发展各种乡村产业，促进乡民增收致富。提高村民的收入水平，使得大多数村民增收致富是实现乡村振兴的关键，因此，近年来，山东省各地因地制宜，大力发展乡村产业，促进了乡民增收致富。譬如，潍坊市寒亭区寒亭街道西杨家埠村依托风筝、年画这两项非遗项目，积极开展了振兴传统工艺工作，村民实现了增收致富；济宁任城区长沟镇赵王堂村发展铁编产业，带动贫困户脱贫致富；菏泽市曹县大集镇丁楼村大力发展电商产业，让电商成为乡村振兴的基石，使该村的演出服饰在中国以及国际市场占有一席之地。

第六，创造性地开展相关节庆活动，促进乡村振兴。节日是乡村社会独特的时间节点，有效调节着乡民的生产、生活节律。近年来，山东省各地创造性地开展了一系列节庆活动，通过节日庆典为村民带来了增收致富的机遇。例如，济南市钢城区辛庄镇辛庄村通过举办兰花节、“奇石、花卉、盆景”博览会等节庆活动，有效增加了村民收入，促进了辛庄乡村振兴；烟台莱阳市吕格庄镇刘海寺村通过举办杏花节，吸引游客3万余人，为村民带来不菲的经济收入；日照市东港区突出“一镇一品”特色，推出了“醉美田园乡约东港”系列节庆活动，提高了当地村民的收入水平。

第七，多措并举，培育优良家风、村风，提升乡村文明水平。家风正、民风淳是实现乡村社会振兴的重要基石，也是乡村社会有序运转的重要保障。因此，要实现乡村振兴，就必须培育优良家风、淳朴民风，提升村民的文明水平。近年来，山东各地多措并举，开展了一系列培育优良家风、村风的活动。例如，济南市平阴县玫瑰镇庄科村 2018 年 8 月成立了乡风文明银行，通过积分项目、积分标准的靶向引领，吸引村民参与乡村治理，实现了乡村振兴；淄博市淄川区杨镇月庄村通过制定《村风村训》和《文明公约》，引导村民自觉行动，形成了良好的家风和村风。

第八，改善乡村环境，大力发展乡村旅游产业，建设美丽富裕新乡村。习近平总书记曾说，绿水青山就是金山银山。山东省各地近年来也积极利用美丽山水，加快推进美丽乡村建设，大力发展乡村旅游产业，带动村民增收致富。例如，淄博市博山区中郝峪村探索实施“公司运作+单体承包+村民入股”的综合性发展模式，成立了淄博博山幽幽谷旅游开发有限公司，促进了村民增收；烟台市长岛县南长山街道王沟村依托景区打造乡村良好生态，依托渔家乐风情园建设良好乡村面貌，将人居环境与产业结构相结合，实现了乡村振兴；泰安市里峪村依托丰富的乡村旅游资源，发展乡村旅游，使“百果之乡”变为特色旅游村。

案例汇编

一、弘扬传统乡民艺术，促进乡村文化振兴

（一）济南：济阳区仁风镇流河村鼓子秧歌

流河村鼓子秧歌久负盛名，曾多次参加国内外的比赛、演出。

20世纪80年代初，乘着改革开放的春风，曾在20世纪六七十年代中断的流河村鼓子秧歌重新组建，村民利用农闲进行演练，利用节庆进行串村巡演，颇受群众喜爱。20世纪90年代末，仁风镇不少村庄的鼓子秧歌队员迫于生计，纷纷外出打工经商或在家创业，没有更多的精力、时间参与鼓子秧歌演出；再加上电视机、影碟机等影视媒体的普及，群众越来越热衷于追求影视艺术，而传统的鼓子秧歌不能满足群众对文艺娱乐生活的需求，因此不少村的鼓子秧歌队伍被迫解散。

面对这种复杂的形势，流河村“两委”干部和鼓子秧歌骨干豆庆国、豆永元等人，积极吸收一些影视、舞台元素，在上级有关部门的指导下，不断改良创新，适应时代发展的需求，带领村民积极参加上级安排的各类演出活动。

1991 年，流河村鼓子秧歌队参加了沈阳市举办的首届民族文化艺术节，荣获“优秀表演奖”；1997 年，参加农业部举办的农业博览会开幕式表演；同年，在全省举办的农民文化艺术大奖赛中获特等奖；1998 年，参加了省政府举办的庆祝香港回归祖国的大型文化表演活动。

进入新世纪之后，流河村积极与邻近的司坊村合作，鼓子秧歌队参加了一系列国内重要演出活动。2004 年，受邀赴北京龙潭庙会进行表演，获优秀表演奖；2005 年，在广东东莞举行的全国民间文艺演出中，荣获民间文艺演出最高奖——“山花奖”；2007 年 4 月，在中央电视台第四届电视舞蹈比赛中获得秧歌组第四名；2008 年 5 月，在全国秧歌节比赛中获优秀表演奖；2009 年 10 月，代表济阳参加全运会开幕式前的精彩表演，令全场观众一饱眼福。2015 年至 2018 年，在仁风镇党委、政府的支持下，鼓子秧歌队先后参加了 30 多场国内大型演出。流河村鼓子秧歌通过一系列的展示，逐渐成为济阳对外文化交流的一张名片。

尽管如此，流河村鼓子秧歌发展也面临着传承和保护的问题：鼓子秧歌队员的年龄普遍偏大，不少队员及其子女向往都市生活，许多人因此而放弃鼓子秧歌表演。鉴于这一现状，流河村

“两委”和广大鼓子秧歌队员共同制定了《村规民约》，明确规定，学习、传承、创新鼓子秧歌是每一位村民的责任和义务。近些年，流河村专注于为鼓子秧歌培养新秀，组织鼓子秧歌传承人豆庆国、豆永元等人开展鼓子秧歌进校园活动。并积极吸收鼓子秧歌中的小伞、花等元素，培育出了富有鼓子秧歌特色的广场舞，积极推广，收到了良好的效果。

2000 年，济南市授予流河村“民间艺术村”荣誉称号。2008 年 6 月，以流河、司坊为主体的济阳鼓子秧歌被列入第一批国家级非物质文化遗产扩展项目名录。

图 1 流河村鼓子秧歌上街表演（济南市委宣传部供图）

（二）济南：平阴县孔村镇“王皮戏”

王皮戏亦称“王皮调”，是流传于平阴县孔村镇郭柳沟村的民间小戏。王皮戏与其他戏曲不同，在“正戏”开演之前，先以一段“跑灯”作为开场。“跑灯”人员众多，场面复杂，结构严谨，独立成章，可视为一个完整的民间灯舞。灯有各种形状与色彩，一般演出有伞灯八盏、花灯八盏，另有小玩童一名。花灯有动物灯、飞禽灯、花卉灯等。各种式样的彩灯造型精美别致，特别是“伞灯”，两伞头相扣，恰好将蜡烛燃于其中，可上下左右任意拧动，再加上使用各种颜色，跑起来五彩缤纷，千姿百态。在当年没有电力照明条件的农村，如此灯火通明、阵容庞大的跑灯，尤其为群众喜爱。

梁广斌是王皮戏的继承者，多年来，梁广斌坚持戏曲演出和文艺创作，在民间乡里广受欢迎。

图 2　王皮戏表演现场（济南市委宣传部供图）

近年来，梁广斌结合个人文艺特长，主动承担起政策理论说唱的光荣责任，日常读报纸看新闻，敏锐地吸收社会上的正能量。老人笔耕不辍，把党的声音和美丽孔村的好人好事，或是编成快书段子，或是编排成诗歌、说唱歌剧和通俗小品。完成一篇作品后，梁广斌老人都亲自打着竹板反复演练，力求既简洁明快，又合辙押韵。通过反复修改，真正让群众接收到党的好政策，让群众听得过瘾，领会得透彻，感受得深刻，记忆得牢固。

（三）淄博：淄川区商家镇商家大鼓

乡村振兴，文化先行。近年来商家镇大力实施乡村振兴战略，培育文化优势，打造商家镇文化繁荣新面貌。商家镇以商家大鼓而闻名，商家大鼓作为传统的民间文化遗产，在传承中不断创新发展，打响商家镇“大鼓之乡”的金字招牌。

商家大鼓起源于清朝中叶，有约三百年的历史。据说清朝乾隆年间，这种音乐在青州、章丘、博山、周村等方圆数百里的地区流行。由于最初是商姓人所创，后来的人都遵循其鼓谱和制鼓标准，所以后人称之为“商家大鼓”。2006 年，商家大鼓成为首批市级非物质文化遗产。2007 年 8 月，商家镇被列入第三批“山东省民间艺术之乡”。

商家大鼓使用鼓、锣、钹三种乐器演奏，气势恢宏，音调优美，节奏欢快。三百多年来，商家大鼓不但见证了世事的变迁更迭，而且还极大丰富了当地群众的文化生活。鼓声给人激情，给人智慧，给人一往无前的精神，给人势如破竹的力量。大鼓振奋着人们的精神，鼓舞着人们的士气，促进了乡村文明的进程。

商家大鼓通俗易学，表演形式多样，既有几个人的小组合，也能组成几十人的中等规模，还可组成几百人的大场面，是一项群众性很强的娱乐健身活动。在大鼓的发源地商家及其周围，几乎家家有大鼓，人人会打鼓。为使大鼓文化得到更好的传承、发展和利用，商家镇加强组织建设，成立了大鼓协会等组织。邀请老艺人现场指导，传授打鼓技艺，对演奏技艺、表演形式、曲牌等进行指导和规范，提升大鼓文化的影响力和感召力，更好地推进地域文化的传承和利用。

近年来，商家镇大鼓之风在各村之间盛行。商家镇成立了商家大鼓研究会，制定章程，设立理事，进一步挖掘、整理、发展、提高大鼓艺术。他们精选优秀鼓手组建了山东淄博商家大鼓样板队，规范意识，规范技术，加强学习，重振商家大鼓雄风，重塑商家大鼓辉煌。同时镇文化站定期举办培训班，免费培训大鼓人才，让商家大鼓走进中小学校园，让商家大鼓这一独特的民间音乐发扬光大，代代相传。

现如今，在商家镇，商家大鼓这一古老、极富民族特色的文化活动已经成为深受广大人民群众欢迎的地方民间艺术，在各级政府全力保护以及所有打鼓人的不懈努力下，商家大鼓艺术将再创辉煌。

图 3　商家大鼓训练（淄博市委宣传部供图）

（四）潍坊：昌邑市龙池镇民间剪纸

龙池镇位于昌邑市西北部，总面积约 182 平方公里。全镇下辖 27 个行政村，常住人口约 2.5 万，耕地面积 5.8 万亩。

龙池民间剪纸历史悠久，宋庄小章村重修于明嘉靖二十三年（1544）的《马氏族谱》记载："进元妻姜氏善剪铰花卉、翎毛、人物，有巧名。"

如今的龙池镇大力挖掘和传承剪纸技艺，被评为"山东省民间文化艺术之乡"。

20 世纪 40 年代，昌邑龙池人民开始了新的剪纸创作，推动了群众性剪纸创作的发展。陈光宗于 1954 年在《儿童时代》发表"看书报"新剪纸，这标志着昌邑新剪纸的产生。1956 年龙池成立了剪纸小组，先后又有多幅新剪纸发表于报刊。1962 年，陈光宗剪纸新作“赶鸭”由新华社发表，并刊载到东欧国家的报刊上，昌邑剪纸开始走出国门。1985 年，陈光宗、王锡芝被吸收为中国剪纸学会会员。同年 11 月，龙池剪纸《刘海戏金蟾》入选全国剪纸展览，而后此作品应法中友协邀请到法国展览。1986 年，《大众日报》发表文章《情寄刀剪三十载》，介绍昌邑剪纸艺人陈光宗。

昌邑龙池民间剪纸的特点是优美而精致。所用的主要工具有剪刀、刀、底板和磨刀石。昌邑各地区拥有许多剪纸能手和庞大的妇女剪纸队伍。在全县境内，南到塔耳堡、岞山，北至龙池、青乡等十几个乡镇的大部分村庄，都活跃着许许多多会剪纸的女性。在这些剪纸盛行的村镇，每到春节前后，一些巧手妇女，便要大显身手，剪出一些“喜庆有余”“连年丰收”“腊梅迎春”等寓意吉祥的窗花。村里家家户户的窗户和墙壁上都贴上了剪纸，增添了节日气氛。每逢婚嫁喜事，她们便剪成鸳鸯、喜鹊、大红喜字，贴在新房，并剪成各种各样的棚花、壁花、盒花等，把洞房和嫁妆装饰起来，使婚嫁仪式更显得喜气洋洋、多姿多彩。

为了更好地传承发展剪纸，市文化局、龙池镇政府组织专门人员，及时对以龙池剪纸为主的民间艺术进行挖掘整理。昌邑民间艺术中心、民间艺术家协会相继成立，定期组织民间剪纸艺人切磋商讨剪纸艺术技巧。他们还在多处中小学开设了手工民间艺术活动课程，让中小学生掌握剪纸技艺，并在文化交易市场集中销售剪纸等民间艺术品。通过全社会的共同努力，这朵植根于昌邑的艺术奇葩正愈发绚丽多彩。

图 4 龙池剪纸传习所传承现场（潍坊市委宣传部供图）

图 5 龙池剪纸进校园（潍坊市委宣传部供图）

（五）潍坊：坊子区马司社区马司茂腔

马司茂腔最早由周姑戏演变而来，至今已有 100 多年的历史。清朝光绪年间，苏北柳琴艺人海冒子与其女儿在诸城演出时，将当地周姑戏与柳琴相结合形成了新腔。后周姑戏班经常来马司演出，与当时马司戏班的刘现、刘友绪和诸城“春和班”相互学习配合，后逐渐形成了现在的马司茂腔。这种声腔演唱起来委婉幽怨，深受农村观众喜爱。“茂腔一唱，饼子贴在锅沿上，锄头锄到庄稼上，花针扎在指头上。”在百姓中流传的这句俗语，生动地反映出茂腔受欢迎的程度。

马司茂腔主要分布在坊城街道马司社区四个村及周围方圆五十里范围的村落，其影响覆盖整个潍坊地区。马司一带的茂腔吸收了较多当地民间音乐的元素，在情绪表现上慷慨激越。不同时代的茂腔艺人根据不同的剧目，融入自身特点，拓展了茂腔的舞台表演形式，使马司一带的茂腔行当齐全、文武兼备。马司茂腔在历史的传承中虽形成了与民风民俗互为表里的个性特点，但因历史和现实的影响，也存在剧目失传、曲牌音乐流失、人才青黄不接等问题。鉴于这些问题，剧团在日常的交流、演出中有意识地对传统作品进行挖掘整理。茂腔剧团的发展不但注重追本溯源，在整理与挖掘传统上多下功夫，同时也做了适当的改革创新。

2009 年 7 月，马司茂腔被列入第二批区级非物质文化遗产名录。2011 年 4 月，马司茂腔入选潍坊市第二批市级非物质文化遗产名录扩展项目。2010 年 12 月，马司文化娱乐研究中心成立。潍坊坊子区非遗中心在保护传承非物质文化遗产和地方戏曲方面，以活跃城乡居民精神文化生活为目标，开展了大量工作，进一步扩大了茂腔艺术在全市的影响力。为丰富群众精神文化生活，进一步推进文化建设，让百姓过足茂腔戏“瘾”，马司茂腔剧团每年都在元旦、春节、元宵节、重阳节及文化和自然遗产日期间开展送戏下乡活动。马司茂腔剧团的演出者们对演出精心编排，演出的剧目既有地方传统茂腔戏，又有经过移植改编的茂腔新戏，例如近两年来挖掘整理编排的《银镯记》，新近整理加工排练的《小姑不贤》《借年》等。马司茂腔剧团的演员们为马司社区居民们演出剧目20出，每次演出观摩人数都达到500余人，为社区居民奉献了一道精美的戏曲大餐，丰富了农民朋友的节日生活。马司茂腔剧团开展了“传承人培训工程”，在群众文化活动中心常年开设非遗项目免费培训班，每周开课一次，零门槛招收社会学员，以此壮大非遗爱好者队伍。

图6 马司茂腔演出照（潍坊市委宣传部供图）

展演活动大力弘扬了地方优秀传统文化，充分展现了近年来潍水文化生态保护实验区建设所取得的丰硕成果，提高了社区村民的非遗保护意识和全民参与的积极性，使马司茂腔这一传统非遗项目在广大社区和民众中更好地传承和发展。下一步，坊子区将以潍水文化生态建设为契机，积极推动民间文化建设，开展非遗传承人进社区、进校园活动，让马司茂腔这一民间艺术传习活动更加丰富多彩。这不仅使非遗传承后继有人，也带动了更多市民关心、支持和参与非物质文化遗产，促进了非物质文化遗产的发展、保护和传承。

（六）聊城：茌平区杜郎口镇董庄中堂画

董庄中堂画发源地位于杜郎口镇南董村（亦称董庄村），位于聊城市茌平区东南约 10 公里处。

该村有着悠久的文化艺术传统，素有“中堂画之乡”的美誉。董庄中堂画历史悠久，传承脉络清晰。董庄中堂画创始人董月，祖籍河北清河县。董月约于明隆庆五年（1571）迁董庄（今南董村）落户，其后人皆善绘画，如第六代董继白（字松云，约 1725—1796），他绘制的“条屏牡丹”从章法布局、构线赋彩到题字印章都非常讲究，为后人所珍藏，可惜在 20 世纪佚失。第七代传人董玉池（董继白之子，1761—1836），其绘画达到较为成熟的阶段。董玉池尤工鞍马、山水和人物，现存有他的作品《八骏图》和《九羊图》。第八代董立元曾在孔府当过多年画家，专画肖像画，在人物画方面有很高的造诣，当时人称“崔字杨虎董人物”，因为绘画造诣，道光皇帝授予他“文林郎”称号。第九代传人董芝兰（1800—1860），也在孔府任画师多年，善画人物、花鸟，现存有其代表作品《花鸟条屏》。第十代传人董学善（1870—1940），亦是山水画高手，现存有作品《渔樵问答》等。第十一代传人董兴金（1848—1923），曾就任孔府奎文阁典籍30余年，善画人像、历代帝王像和花鸟画，所画的蝴蝶以淡墨层层烘染，翅膀毛茸茸的，活灵活现，现存有代表作品《仕女蝴蝶》的临摹本。第十二代传人董友谅（字总卿，1892—1972），其早期作品《八仙》《和合二仙》《刘海戏金蟾》等人物画禀承其前代的严谨画风，晚期作品《松鹤图》则用深浅两种墨色在白版纸上完成，绘画方法简单易学，也成为20世纪中期茌平董庄中堂画的代表风格。目前传承人有三人：董兆生、董友环、张宗源，三人均为市级代表性传承人。

南董的中堂画底蕴深厚，题材内容丰富，包括山水人物、梅兰竹菊等，代表作包括《禹王锁蛟》《福禄寿图》《八骏图》等。董立元的影响，带来了南董中堂画一百多年的繁荣，在较长的一个时期里，南董人一直以绘画为主业，几乎家家点染、户户丹青。他们的画作热销于本省及河北、河南、江苏等地，受到群众广泛欢迎，在北方民间有着较大的影响。1982年冬，聊城地区文化工作会在茌平召开，其间举办了南董绘画精品展，展出历代作品70余幅。地、县与会代表曾到南董参观访问。1983年秋，县文化馆在南董举办学习班，学员创作了30余幅作品，有7幅作品入选当年地区美展，有6幅作品入选山东省第二届农民画展。2016年3月，董庄中堂画被列入山东省第四批非物质文化遗产代表作名录。

图 7 董庄中堂画传承技艺免费培训班（聊城市委宣传部供图）

杜郎口镇高度重视对董庄中堂画的保护传承和开发利用工作，将其与文化旅游相结合，具体做法如下：

一是加强领导，健全组织。该镇结合实际，成立了以镇直部门负责人为成员的非物质文化遗产传承保护工作领导小组。同时，在南董村下设工作小组，确保董庄中堂画传承保护工作有序开展。二是加大投资力度，夯实基础。2015 年，该镇建成南董中堂画传习所，集传承与展览为一体。杜郎口镇还将进一步完善中堂画传习所及展厅建设，在传习所定期举办董庄中堂画培训班，邀请董庄中堂画传承人传授技艺，使董庄中堂画艺人队伍不断扩大。三是强化培训，提升服务。该村与上级部门加强合作，采取办班培训、实地考察等方式，加强文化保护与传承。茌平董庄中堂画艺术研究会每年举办茌平董庄中堂画技艺免费培训班，定期举办绘画展览和绘画艺术交流活动，协助参与国家级及省市级的大型展览比赛活动。

（七）聊城：高唐县赵寨子镇倪堂村落子舞

聊城市高唐县赵寨子镇倪堂村是落子舞的发源地。该村现有人口 1310 人，耕地 3181 亩。村民以种植小麦、玉米等粮食作物为主要收入来源。

落子舞起源于清代，距今已有几百年的历史。据相关史料记载，20 世纪四五十年代，“落子”在高唐家喻户晓，落子队伍庞大，参加人数达到顶峰。那时，有一首流行的民谣：“看见打花落，吃饭都忘掉；瞧瞧落子舞，干活劲头鼓。”据落子舞传承人赵振合回忆，小时候每年过年都有杂耍表演，村里人都带着孩子去看。由于人太多，高跷队都没法正常出场。这时，打落子的人和“丑老婆”就会迎着人群，一边表演一边为高跷队打开场地。那时候，打落子的一般都穿着大红或者水红的衣裳，头上裹着白毛巾，脸上画成小丑模样，嘴上夹个小胡，手里拿着“落子”；丑老婆则盘着发髻，涂着红脸蛋，左手挎篮子，右手拿扇子。两人跟随锣鼓点不停地扭动身躯，抖膀、飞眼，惹得观众捧腹大笑。自从落子舞传人赵振河 1958 年参加工作后，过年过节就不再“打落子”了，“落子”因此面临失传的危险。

乡村振兴离不开文化的引导。如今，保护、继承和弘扬优秀传统文化——落子舞，加强对农村文化的保护，保存农村文化记忆，唤醒民众继承和弘扬农村传统文化，是一项迫在眉睫的工作。

为防止优秀传统文化失传，保护老一辈文化珍宝，让其继续发扬传承下去，高唐县文化部门、赵寨子镇党委政府以及倪堂村干部在挖掘落子舞有关史料、保护传承人、申报非遗、展示与宣传、增加财政扶持力度等方面共同努力，拓宽思路，探索出一条切实可行的落子舞保护途径。文化部门、镇党委政府在落子舞保护方面发挥了主导作用。

2011 年，落子舞被列入聊城市级非物质文化遗产代表作名录。2016 年，落子舞被列入山东省第四批省级非物质文化遗产代表作名录。

高唐县让落子舞走进学校、农村和企业，多渠道培养传承人才。赵寨子镇在综合文化站开设了非遗展厅，将落子舞变成有形的文字图片和影像资料，制作成电子光盘存档。该县聘请落子舞传承人现场授课，建立了艺术实践教育基地，多渠道培养接班人。2017 年，县文化部门在赵寨子镇中学、倪堂小学等 6 所学校设立了高唐县“非物质文化遗产传承教学基地”。2017 年，他们邀请聊城大学艺术系专家来倪堂调研落子舞。2018 年，县文化部门在镇中学开展非遗课堂暨“落子”发放仪式，邀请传承人王跃海在镇中学进行落子舞教学，6 所传承基地制定课程表，每周邀请传承人王跃海进行授课。2019 年，赵寨子镇综合文化站计划组织各村文化带头人向传承人学习落子舞，然后回到各村教给村民，促进落子舞像广场舞一样在赵寨子镇普及。民营企业也参与到落子舞传承中，一些地方企业向落子舞队捐赠了锣鼓、舞服。

图 8　2018 年落子舞演出现场（聊城市委宣传部供图）

目前，赵寨子镇会打落子的人数增加到了 400 多人，不仅倪堂村人会打落子，前纸村、后纸村、王辛村等附近村子也有会打落子的村民。落子舞因为有舒筋活血的健身功效，通过保护和宣传，现在喜欢落子舞和学习落子舞的人不断增加，每年春节、元宵节，落子舞扭上街头广场，总能吸引不少人围观欣赏。

（八）德州：临邑县兴隆镇兴隆村“一勾勾”

兴隆镇作为国家级非遗“一勾勾”的发源地，高度重视文化事业发展，以兴隆村为重点村，带动刘友村、王孝吴村等繁荣发展“一勾勾”。

“一勾勾”起源于明代秦腔和秧歌曲调，曲调简单、自然、活泼、动人。“一勾勾”这个剧种是在民间业余演出中发展起来的。1956 年，在中央挖掘古老剧种的精神指导下，当时任临邑县组织部副部长兼兴隆寺乡党委书记的杨长青，召集民间艺人张子杰、焦连琨、张洪学、张丁礼等人，在乡政府驻地——兴隆街东头路南借用民宅一所，成立了共计 15 人的兴隆寺乡“一勾勾”剧团。第一个正式的“一勾勾”剧团，就在兴隆街诞生了。

在兴隆寺乡党委政府领导的支持下，张子杰、焦连琨二位团长辛勤经营，剧团很快发展到 32 人，并造就了“三十二坛醋”（焦连琨，因唱腔虚实相济，如咽如诉，真假嗓音分寸得当，而得艺名）、大青衣（张丁礼，男扮女青衣，扮相自然，动作优美，而得艺名）、二姑娘（龙传英，因成功扮演“二姑娘”这一群众喜爱的人物形象而得艺名）、土联珠（张洪学，因长期成功扮演胡生戏角色而得艺名）、大白桃等一批优秀人才，兴隆群众对他们的精彩演唱至今记忆犹新。

该剧团擅演传统戏剧目有《东秦》《女驸马》《王小赶脚》《秦香莲》等七十多个，现代戏剧目有《红梅》等十多个。他们还曾代表临邑县，带着现代剧目《红梅》，参加过“山东省现代戏会演”，后来还到东北三省演出过。

20 世纪 70 年代初，由于种种原因，学唱这类戏的人越来越少，许多著名演员停止演出，“一勾勾”面临着失传危险。

2006 年 4 月，“一勾勾”被列入国家级非物质文化遗产代表作名录。2017 年，在兴隆镇党委政府的支持协调下，兴隆村注册成立了“一勾勾”戏曲传承艺术中心。借助这一平台，兴隆镇党委政府与“一勾勾”戏曲传承艺术中心签订协议，每年投资 5 万余元，在全镇 15 个社区、86 个自然村进行巡回演出 80 余场次。同时积极鼓励老艺人发挥传帮带作用，培育新生力量，将“一勾勾”不断传承下去。

从2018年开始，“一勾勾”戏曲传承艺术中心与兴隆镇教育办公室合作，通过“一勾勾”进校园，利用寒暑假免费为小学生们培训等方式，使这一国家级非物质文化遗产薪火相传。

图9 “一勾勾”传承暑期培训（德州市委宣传部供图）

近年来，兴隆镇历届党委政府高度重视“一勾勾”的保护和传承。自2014年起，兴隆镇每年投入人力物力财力组织“一勾勾”文化艺术展演活动，至今已成功举办四届。该镇在新建的文化站三楼专门设立了“一勾勾”历史文化展厅，投资30万元在兴隆福利院建设了高标准演艺大厅，有效促进了“一勾勾”的繁荣发展。

（九）泰安：岱岳区马庄镇书画

马庄镇总人口 5.1 万人，其中回族人口 5000 余人。这里自古不乏书画名人：民国时期，马庄镇李传霖先生曾在孔府内任教；新中国成立前张淑铭、周效赭书写了很多书法名作和碑文，名扬四方；中国人民共和国成立初期又出现了薛子文、薛阁卿等书法大家。改革开放以来，这里群众书画活动更加丰富多彩，涌现出了一大批书画人才。

为了传承和弘扬书画艺术，镇党委、政府专门成立了马庄镇书画协会和活动中心，并配备了人员和设备，为这一工作的深入开展搭建了一个良好平台。2004 年 9 月，书画协会出版了第一期《大汶河流域书画家作品集》；2005 年 10 月，首次举办了“爱我马庄”书画展；2008 年 7 月举办了“迎奥运”书画展；2009 年 9 月，又出版了第二期《大汶河流域书画家作品集》；2011 年 6 月举办了“建党九十周年”书画展；2012 年 9 月举办了“喜迎十八大”书画展。

马庄镇书画协会成立以来，积极开展书画活动，定期举办书画交流，多次举办书画展览，两次出版书画作品集，每年义务为群众书写春联，在周围乡镇产生很大影响。通过一系列活动的开展，书画协会受到社会各界的广泛关注。2009 年协会会员的作品《金刚经》被佛教圣地五台山永久收藏，另有大量书画作品漂洋过海，被日本、韩国、新加坡等国家的藏家收藏。

书画协会的活跃有不少经验和做法。一是每月两次定期组织集体交流学习，提高理论知识和书画水平。马庄镇书画协会自成立以来，将每月初三、十八定为会员活动日，集中进行书法理论学习、临摹古帖、书写点评及创作指导等，8 年来风雨无阻，雷打不动，为广大书协会员进行学习交流提供了平台。学员系统地学习了《圣教序》《张猛龙》等碑帖。通过多层面临帖，吸收精华，为书法创作奠定基础。二是经常组织会员外出参观学习，让他们开阔视野，提高眼力。他们先后去济南参观了山东省书法协会举办的第四届书法展，到安徽合肥参观了邓石如书法篆刻展，使会员们开阔了视野，提高了眼力，作品在传统的基础上有较大创新。协会立足当前，着眼长远，积极做到书法从娃娃抓起，共育一代新人。截至目前，协会共培训中、小学生超过 800 余人，正在学习书法的有 500 余人。通过近两年的学习培育，收到了良好的效果，今年马庄镇中小学生在岱岳区教育局举办的书法大赛中，有 30 余人获奖。马庄镇书画协会上有 90 岁高龄的老人，下有六七岁的娃娃，呈现出老、中、青、少多层面、代代传承的良好态势。

马庄镇书画协会立足当下，着眼长远。在今后的发展中，一是努力普及书画艺术，积极吸引会员，进一步充实和壮大书画人才队伍。二是积极走出去，邀请会员外出参观学习先进经验和做法，学人之长；定期聘请知名书画家来镇授课，传经送宝。三是培养部分书法骨干教师，为培育下一代提供有力保障。四是想方设法提高会员作品的知名度和影响力，打造收藏作品的含金量，实现欣赏价值与经济收入的双丰收。

图 10 马庄镇书画协会组织学习探讨（泰安市委宣传部供图）

（十）滨州：博兴县吕艺镇刘官村吕剧

滨州是吕剧艺术的发源地，2004 年 6 月，博兴县阎坊镇更名为吕艺镇。2006 年，吕剧被列入山东省首批非遗名录。2008 年 2 月，吕艺镇被文化部命名为“中国吕剧艺术之乡”，吕剧被列入国家级非遗名录。

为弘扬和传承吕剧艺术，近年来刘官村做了大量卓有成效的工作。一是加强庄户剧团建设。该村有一支约 20 人组成的庄户剧团，由酷爱吕剧的村民自发组建，活跃在本村及周边村庄。农闲时节，庄户剧团在村内广场的戏台上义务为村民演出，给爱好吕剧的票友搭建了一个展示和学习平台。该庄户剧团一年义务演出约 40 多场戏，对丰富人们的业余文化生活、继承和发展吕剧艺术起到重要作用。

二是建立吕剧展馆。村中吕剧爱好者在该村的村委活动室自发建立了吕剧展室。该展馆从吕剧的起源、发展到走向全国，对吕剧的发展史做了介绍，提供了用以深入了解吕剧的丰富图片及实物资料。

三是与电视台深入合作拍摄大型电视纪录片。2018 年 12 月 18 日，由北京中视启明文化传媒有限公司承办拍摄的《寻根吕剧》电视纪录片在博兴县广播电视台演播大厅举办了开机仪式暨新闻发布会。该纪录片将还原 60 年吕剧发展的历史事件、故事，以及历史人物背后的故事，展现吕剧艺术的诞生、发展、传承以及表演方式、剧本创作过程。该纪录片于 2019 年全部制作完成并在中央电视台“发现之旅”频道播出。

（十一）东营：广饶县花官镇前勤村吕剧

花官镇是远近闻名的“吕剧窝子”，花官镇前勤村梨园剧团多年来扎根基层、扎根农村，服务农民、服务农村文化建设，传承发展吕剧文化，为广大农村群众奉献最美的精神食粮。

花官梨园剧团团长宋克光是广饶县花官镇前勤村农民，他从小耳濡目染，跟着老艺人学唱戏，16 岁登台，23 岁领班子。1996 年 10 月，他和妻子李元英贷款成立了“梨园剧团”。自成立以来，梨园剧团演出的足迹遍及东营、青岛、平度、潍坊、淄博、济南、滨州等 30 多个市县的许多村落和单位。在日常演出的同时，梨园剧团致力于对传统吕剧艺术传承改造，推陈出新。近年来，梨园剧团自编剧本 20 多部。2017 年和 2018 年，新编剧本《清官巧断家务事》和《王二姐闯堂》分别参加了当年的市“百团千场乐万家”演出和县“进千村乐万家”演出，演出共计 142 场，受到群众的热烈欢迎和赞扬。

2003年冬，梨园剧团受山东文化音像出版社之邀，赴山东省艺术馆演出，并将演出的14出传统戏录制成影碟，投放市场销售，广受欢迎；2004年5月，齐鲁音像出版社由社长亲自带队来到梨园剧团，在广饶第一油棉厂会议室，把梨园剧团的《豆汁计》《双钗计》等60多出传统戏录制成影碟，在国内公开发行。齐鲁音像出版社先后录制出版了100多场传统戏，其中梨园剧团的剧目占了一半以上，花官镇梨园剧团是唯一参加此次演出录制的农村庄户剧团。

经过长时间的演出和磨合，宋克光的梨园剧团演出水平有了较大提高。2005年和2006年，梨园剧团连续两届参加东营市“科达杯”吕剧大奖赛，均获得了优异的成绩；2006年宋克光的梨园剧团被评为“山东省优秀庄户剧团”，同时，宋克光荣获“东营市十佳业余文艺工作者”称号。2008年3月，宋克光赴北京参加“全国服务农民、服务基层文化建设先进集体表彰大会”，受到中央表彰。宋克光的梨园剧团被评为“全国服务农民、服务基层文化建设工作先进集体”，是全国唯一一个获此殊荣的农村文艺团体。宋克光的事迹多次被各级媒体跟踪报道。凭借着广泛的影响力，2012年，宋克光被评为“齐鲁文化之星”。2018年11月，他编写的戏剧小品《算账》获得山东省优秀庄户剧团大赛参赛剧目奖。2018年12月，梨园剧团获得东营市文广新局颁发的优秀基层群众文艺团队称号。

图 11 梨园剧团演出现场（东营市委宣传部供图）

图 12 梨园剧团进校园（东营市委宣传部供图）

为了普及吕剧文化，让更多的吕剧爱好者学唱吕剧，梨园剧团开展了吕剧进学校、进企业、进单位、进农村等活动，每年免费送戏下乡，指导、培训吕剧学员300多人次。他们与教育部门配合，把吕剧文化带入课堂，让更多的年轻人成为吕剧文化的传承者。在梨园剧团的带动影响下，当地发展以演唱吕剧为主的庄户剧团20余家，演职人员600余人，呈现出“村村锣鼓响，人人会唱戏”的良好局面。吕剧已成为当地不可或缺的群众文化活动，甚至发展成为当地的一种文化产业，为社会主义新农村建设做出了新贡献。

（十二）东营：利津县凤凰城街道双高村龙灯

“咚咚锵，咚咚锵，咚锵咚锵咚咚锵”，东营市利津县凤凰城街道双高村文化大院里阵阵锣鼓声响彻云端。走进大院一看，原来村里的两支龙灯队正在一丝不苟地排练各种舞龙姿势，准备参加正月十一全县组织的元宵节民间文艺展演，为当地居民送去一场民俗文化饕餮大餐。

凤凰城街道双高村在黄河口一带是远近闻名的“舞龙”村。该村舞龙文化历经岁月打磨，不断传承创新，全村男女老少300多口人，几乎个个都有自己的一套舞龙看家招式，如扭、仰、跳、摇等多种姿态，“拜四门”“舞龙盘”“龙扒皮”多种造型呈现出千姿百态的风姿神韵。目前，该村共有男、女两支龙灯队，春节、元宵节期间，他们走进城市社区，深入农村，通过精彩绝伦的表演将民俗文化魅力展现在广大群众面前。

该村的龙灯队成立已经有十几个年头了。为了能让这项传统民俗活动传承下去，自2005年起，村委会每年都会组织大家跑灯。跑灯不仅可以赶走一年来的辛苦劳累，也为当地群众带去更多的欢声笑语。随着岁月的洗礼，队员们换了一拨又一拨，现在固定队员已有近30名，年龄小的只有12岁，年龄大的有65岁。

乡村振兴，文化先行。通过传统民俗文化的传承，让村民们参与其中，在娱乐的同时还能将传统文化渗透到大家的意识当中，既传承了优秀传统，又展现了当地的优秀民俗。目前，凤凰城街道辖区内43个行政村均建成了文体广场，配备文化器材、图书阅览室、体育健身器材等设施。为支持各村开展文艺表演，政府还专门拨付扶持资金，用于置办服装、道具及活动开支，形成了村村都有一支演出队伍的大格局。

图13　双高村元宵节舞龙表演（东营市委宣传部供图）

（十三）威海：文登区侯家镇朱家村小戏

“咱这沿海渔村有个陋习，村里人喜欢将蛎壳随意倾倒在街道上，让过往车辆碾压破碎后喂鸡喂鸭。事儿虽然不大，但却造成了污染，到处是腥味儿，也有安全隐患。”小戏主创娄顺英说，为了助力美丽乡村建设，她和一帮姐妹们就地取材一起创作了这段名为《知错就改》的小戏。“老百姓爱看就能看到心里去，引导效果比讲大道理强。”娄顺英说。

娄顺英是侯家镇朱家村的一名普通妇女，她还有另一重身份——庄户剧团团长。2015 年 8 月，娄顺英等一批热爱文艺的朱家村村民自发成立了龙乡艺术团，目前成员已发展到 40 多人，编排各类节目 70 多个，凭借优质节目取得了不少荣誉。

最让剧团成员们自豪的是，他们原创的 20 多个特别节目在娱乐乡亲的同时起到了很好的教育引导作用。小品《喜事新办》提倡移风易俗，《白云庵》是用传统秧歌剧形式倡导家庭和谐，还有快板书《夸夸十九大》，娄顺英如数家珍地说：“今年新创作的这类特别节目已经有 4 个，主要是配合乡村振兴战略实施，以及我们文登的‘如画乡村’建设工程。”

唱着乡村戏，乡村的改变也在一点点发生。在朱家村，两户人家因为邻里间一点小事争吵不休，村干部没少从中调和，但没有太大改观，后来娄顺英把两家的妇女拉到了剧团，两人在排练节目中一来一往中说了话，如今有说有笑，关系恢复如前。

乡村戏悄无声息地办了不少乡村事，当地政府敏锐地捕捉到了这一点，将文化振兴作为乡村振兴的重要突破口，设置专项资金重点扶持群众文化队伍建设，推动文化硬软件综合提升。目前，侯家镇 37 个村都有了自己的文艺队，培育起龙乡、柘阳山、草根 3 个庄户剧团，而在圣海湖庄户剧团建成后，侯家镇将形成大剧团覆盖各片区、小文艺队覆盖各村的多层次文化阵容。

二、编修村志、修建记忆馆，传承乡村历史记忆

（一）济南：钢城区里辛街道棋山观村

全国文明村棋山观村坐落于棋山国家森林公园。该村共有村民280户，624人，其中党员29名，村庄占地210亩，耕地560亩，2018年度村集体收入38万元，村民人均收入32000元。

为了传承乡村文化记忆，该村组织编写了《棋山观村志》。该书全面记录、描述了棋山观村的历史发展脉络。《棋山观村志》曾荣获“齐鲁名镇名村志文化工程”奖等荣誉称号。

棋山观村以高标准建成了“棋山生态科普馆”“棋山乡村记忆馆”“棋山方志馆”。科普馆以“绿水青山就是金山银山”为主题，综合运用实物、标本、展板等方式，突出人性化、艺术性的展示手法，摆放动、植物标本230件，奇石根艺50余件，实物花草50余类。

村记忆馆展出的农家老物件具有浓郁的乡土文化气息，唤起了村民强烈的怀旧情怀，让历史与现实的情景交融在这里。棋山方志馆内既有历史文物，又有书籍实物和档案，集中展示了棋山的过去、现在以及未来；填补了棋山文化基础工程的空白，实现收集、保管、阅览、研究、咨询、展示、交流于一体，形成了具有开放式、服务性、公众化特征的标志性文化基础设施。“三馆”建设完成以来，先后迎接村民、中小学生等社会各界人士前

来观摩和学习，促进了乡村文化振兴。

图 14　棋山观村村貌（济南市委宣传部供图）

图 15　棋山观村村史馆（济南市委宣传部供图）

（二）济南：钢城区汶源街道黄庄一村

黄庄一村隶属济南市钢城区汶源街道办事处。该村现有人口326户，997人，由12姓构成，全村面积143.7公顷，耕地面积450亩。1938年3月12日黄庄起义就发生在黄庄一村，这里成为红色文化的见证地。1949年以前，全村党员人数32人，现有党员48人，全村有革命烈士8名，参加抗美援朝战争5人。

为了传承革命精神，教育后代，黄庄一村自2017年6月5日开始筹建起义馆及村史馆，历时近6个月的时间建成。村民查阅蒙阴、沂源、莱芜的党史、县志等资料，累计行程2000多公里，采访知情人士和革命烈士家属，编纂文字8万多字，搜集图片1200多张。村两委为了建好两馆，几次加大两馆的面积和建设标准，共计投资55万余元，于2017年11月24日正式开馆纳客。

自开馆以来，起义馆和村史馆先后接待企事业单位和党政机关团体达30余家，累计参观3500余人次。钢城区艾山街道中心小学将“传承红色基因，忆苦思甜”主题队日活动搬到了展览馆，让老师、学生及家长前来参观。展览馆重点呈现了“起义誓师大会”“黄庄战斗”“中共蒙阴县委在黄庄成立”“抗美援朝五位英雄故事”，村委会邀请退伍军人为少先队员讲述革命传统故事，使学生很受鼓舞。小小展览馆是黄庄一村老一辈仁人志士革命英雄主义精神的记录，更是优良精神的传承阵地。

图 16 黄庄一村起义馆局部（济南市委宣传部供图）

（三）淄博：周村区王村镇李家疃村

李家疃村位于山东省淄博市周村区王村镇。李家疃乡村记忆博物馆是淄博市首批 14 个市级“乡村记忆”项目试点单位之一，缅怀乡愁和留恋乡愁是乡村记忆馆的建设初衷。李家疃乡村记忆博物馆投资 300 余万元，新建馆舍展览面积 900 平方米。

博物馆展览内容分为村落的记忆、家族的记忆、创业的记忆、人生的记忆、文化的记忆五个单元。展览立足李家疃村自身发展变迁的时间主线，着重凸显李家疃村王氏家族兴衰的家族变迁过程。整个博物馆展出各种展品 300 余件，展览融入了李家疃村独特的建筑文化符号，如胡同、酒馆、拴马石、复制的老商业街巷，给观众留下深刻印象。李家疃村乡村记忆博物馆从设计到建成，整整用了一年时间，设计人员查阅了家谱、乡史村志等大量资料，在展品收集上着重突出独特性、代表性。

李家疃乡村记忆博物馆连接着李家疃古村落群，村史与旅游相得益彰，既帮助村民留住了乡愁，也向游客宣传了李家疃村的历史文化，促进了乡村文化振兴。

图 17　李家疃村村居概貌（淄博市委宣传部供图）

（四）淄博：沂源县西里镇张家泉村

西里镇张家泉村位于沂蒙山腹地、西里镇驻地西 8 公里处，该村是时代楷模朱彦夫的家乡。朱彦夫是一名退伍军人，是全国自强模范、全国优秀共产党员，被誉为“中国当代的保尔”。

张家泉村由 6 个自然村组成，村域面积 1.5 平方公里，现有人口 915 人，耕地面积 746 亩。村落两面环山，全村林果树木覆盖率达 80%以上。村内水利、道路等基础建设在各级政府、村两委和朱彦夫本人的齐心建设下，已有较大变化。村民的经济收入以种植桃子、苹果、花椒等经济树木为主，现有农副产品经营业户 20 余户，实现了果品的收、运、销一条龙服务，村民人均收入实现 1.3 万元以上。

自 2014 年以来，张家泉村立足本村实际，集中展示朱彦夫同志身残志坚、对党忠诚的高尚品德，激发鼓励广大干部群众坚定信念、勇于创新、拼搏实干，学习并发扬时代楷模精神。朱彦夫事迹党性教育基地，始建于 2014 年 2 月，原有展馆面积小，布展简单。2017 年 6 月，该村对朱彦夫事迹党性教育基地进行了全面改造提升，并于 2018 年正式对外开放，整个教育基地总投资 1000 万元。教育基地包括朱彦夫事迹展览馆、夜校、旧居、多功能报告厅、沂蒙旅军史馆、友谊机灌站、县水利展馆等 11 处教学点。

图 18　朱彦夫事迹展览馆（淄博市委宣传部供图）

朱彦夫事迹展馆面积为 700 平方米，布展面积 415 平方米，展馆共分六个展区，主要内容分别是：前言、保家卫国身残志坚、情系家乡勇于担当、中国保尔极限人生、时代楷模光耀千秋、结束语。展馆内展出图片 2200 余幅，实物 860 件，采用现代表现技术，给人以身临其境的感觉。展馆内既有雕塑、微缩景观、场景还原，又有动漫视频、同期视频，还有电子翻页书雕、触摸屏等观展设备。展馆向人们生动地再现了朱彦夫英勇搏斗、带领群众脱贫致富的经历。

（五）烟台：蓬莱区蓬莱阁街道水城社区

蓬莱阁街道水城社区成立于 2002 年 8 月，坐落于蓬莱阁下，依山傍水，风景优美。近年来，水城社区秉承“村史知根脉，文化永传承”的理念，积极建设打造了水城村史室，为倡导和谐新风尚、打造平安幸福新社区奠定了坚实的文化基础。

为深入挖掘水城的村史村情、文化底蕴和民俗风情，充分展示本社区自身特色，2016 年，水城社区以“千年登州古港，美丽蓬莱水城”为主题打造建成了具有水城文化特色的村史室。村史室通过文字介绍和图片对比相结合的方式展示，阐述本村概况、历史沿革、发展特色、名人志士、所获荣誉等内容，通过新旧图片对比，真实记录水城村的发展轨迹和历史变迁，充分展示水城社区面貌大改变、生产大发展、生活大提升的显著成就。

围绕“村史知根脉，文化永传承”的理念，村民深入挖掘本村名人志士的榜样事迹，以榜样的经历启迪后人，以榜样的成就激励后人，以榜样的思想启发后人，以此激励居民跟随名人足迹，培养信仰坚定、道德高尚、志向远大、身心健康的新居民。水城社区还编撰了《水城史话》一书，将水城文化代代传承。

村史室精心撰写村史解说词，培养讲解员，确保村两委干部人人能讲得清楚、讲得透彻。村史室在展示村庄发展历史变化的同时，保护与传承了水城村的历史文化和特色，成为提升群众文化素养的重要教育阵地。

图 19 水城社区村史室（烟台市委宣传部供图）

（六）烟台：莱阳市万第镇儒林泊村

儒林泊村位于万第镇驻地东北 20 公里，全村人口 312 户，806 人，其中党员 53 人。儒林泊村民风淳朴，文化底蕴丰富，村落环境优美。村中传统民居遗存很多，依山而建，沿河而筑。村民房舍极为密集，多为土石结构，石墙黑瓦，坚固美观，具有典型的北方山区民居特点。现在，村中传统民居群保留百年老屋约 50 余座、230 余间。其中，德义堂旧址曾是清朝乾隆年间大学士刘士庄的拳房、书房和药房。2015 年，儒林泊村入选省级传统古村落。

近年，村里深入挖掘优秀传统文化，培育文明的乡村风尚，推进文化繁荣与生态旅游深度融合，打造产业发展新亮点。该村党支部立足长远，多方论证，利用特色优势，整体规划，目前累计投入 400 余万元对村庄进行了美化、亮化、硬化，大大改善了村庄的整体面貌。2018 年春天，村庄紧紧围绕“省级传统古村落”这张文化牌，投资 70 余万元在全市率先打造了内容丰富、图文并茂的村史馆。

村史馆从北至南分为三部分：第一部分占地 120 平方米，分为 4 个房间，分别展示刘氏家族历代贤人雅士、抗日战争和解放战争期间村庄涌现出来的革命烈士和优秀军人、村庄历任党支部书记和村委主任、近年来村庄涌现出来的优秀学子。代表人物有文武双全的大学士刘士庄，精通京剧的刘克法，剪纸奇人刘嵒，开国大校林月樵，著名美术家马龙青等。第二部分占地 180 平方米，分为 3 个房间，主要展示儒林泊村的民俗文化，内容涵盖居住、饮食、服饰、起居等，较好地呈现出村庄历史上的原貌，展馆陈列村庄历史遗存物品数百件，承载着村民满满的回忆。第三部分占地 140 平方米，分为 5 个房间，为图书馆、绘画厅、书法厅等，展示存量丰厚的各式书籍和众多文人雅士的墨宝。村庄不定期邀请名人贤士进行书法绘画现场创作，吸引不少村民前来观赏，较好地提升了村民的文化修养，增添了村庄的文化氛围。

（七）烟台：龙口市芦头镇庵夼村

庵夼村位于烟台龙口市芦头镇南 10 公里，距今已有一千多年的历史，被评为国家级传统古村。近年来，该村深入挖掘村庄红色基因，开展红色薪传革命历史传统教育，让优秀传统得以传承，让党的政策及时传递给群众，较好地提升了群众的文明素质，改善了村风、民风，取得了较好的效果。

庵夼村是抗日战争时期贡献卓著的革命老区，该村在 1937 年至 1945 年期间是胶东二行署的机关驻地，许世友领导的八路军第九纵队曾在这里驻扎。庵夼村民风淳朴，群众基础好，抗日觉悟高，抗战时期，庵夼村走出了 56 名报名参军的好青年，其中 8 人壮烈牺牲，被授予烈士称号，孙彩云、史兴恩、史兴成、史梦元、史梦朋、史玉莲便是其中的英模人物。

庵夼村不可磨灭的红色记忆是巨大的文化宝库。近年来，庵夼村一直致力于红色史料的挖掘和传习，给群众搭建舞台，让村民成为主角。村内威信高、口碑好、语言表达能力强的老党员、老干部、文艺爱好者组成红色故事志愿传习团。他们细心收集、整理庵夼村抗战的历史，用故事、歌谣的方式再现给村民。红色故事宣讲团用群众喜闻乐见的形式让红色记忆代代相传，许多过去在村中传唱的歌曲又流行了起来。“一呀一更里，月儿刚出山，奴在房中心里打算盘，真正为了难，有心去抗日，爹妈要阻拦，亡国的人儿守着男子汉，妈妈我多可怜。二呀二更里，月儿已正东，无数的姐妹已在兵营中，个个是英雄，不怕大炮轰，不怕炸弹崩，为国为民不怕牺牲，虽死也光荣。”

2018年，芦头镇投资10余万元，打造了庵夼村村史馆和新时代文明实践站各一处，开展了政策形式宣讲、历史传统教育、未成年人爱国教育、红色经典诵读等主题实践活动20多场次。庵夼村与龙口报社合作开办了龙口市小记者站，面向少年儿童开展爱国主义主题实践教育活动。小记者们在这里聆听庵夼红色传习团讲解村庄历史和抗战故事，参观抗战遗址，攀登大飘山，开展军事训练，磨炼意志品质，弘扬红色革命精神。

图20 庵夼村村口（烟台市委宣传部供图）

（八）潍坊：昌邑市龙池镇瓦东村

龙池镇瓦东村地处渤海莱州湾南畔，距昌邑市区10公里、龙池镇区 4 公里，村中现有 325 户，936 人，其中党员 58 名，耕地面积 2804 亩，2018 年村集体收入 15 万元。该村先后被授予“潍坊市党风廉政建设示范村”等 20 多项荣誉称号，该村党支部书记、村主任赵中伟被省委授予“全省担当作为好书记”荣誉称号。

瓦东村是远近闻名的红色村庄，在战火纷飞的年代，这片红色热土的热血儿女们参军参政、拥军支前，不忘初心、砥砺前行。历任支部书记将“红色基因”作为“传家宝”代代相传，他们一任接着一任地干，将一座战斗堡垒村发展成为今天的党建示范村。尤其是党的十八大以来，瓦东村党支部继承听党话、跟党走的优良传统，将革命前辈的奋斗热情融入村两委班子建设、党员队伍管理、村庄改善提升等日常工作中，锻造了特别讲政治、特别讲理想、特别讲学习、特别讲规矩、特别讲奉献、特别讲大局的“六讲”党员队伍，推动村庄建设不断迈上新台阶。

对于革命先辈的敬仰，对于战争年代的缅怀，瓦东村一直念念不忘。瓦东村始终注重传承“红色基因”，建设了瓦东村史馆，挖掘瓦城战役等历史资源，以红色精神激励党员不忘初心、干事创业，让“红色基因”融入村民血脉，代代相传。2017 年村两委牵头，召集村里的老教师、老模范、老党员和热心人士成立了工作组，宣传发动党员群众共同挖掘红色资源。历时一年时间，他们完善展览内容，建成了瓦东村史馆，这是昌邑市首座村级自建的红色村史馆。红色村史馆的展览分信仰过硬、意志过硬、担当过硬、作风过硬四个板块，通过图文介绍和实物展示的形式，从不同层面全面展现了瓦东村在革命、建设和改革开放等不同时期的组织沿革、传统文化、村情民俗等。红色文化村史馆建成后，不仅本村人前来参观学习这段历史，外地人也纷纷前来参观，宣传了乡村的红色文化。

换届后，新任村两委班子的第一件事就是集体参观村史馆。村支部书记兼村主任赵中伟站在一面20世纪70年代获得的“治理胶莱河先进单位”的奖状前郑重地说道：“当年咱村人出去干义务工，为争一面红旗，大家伙没白没黑地干。咱们大家更要传承好、发扬好‘有红旗就扛，见第一就争’的精神，在新时代不忘强村初心，牢记富民使命！”

村史馆的建立，不仅引导人民将红色历史长久铭记，更启发了村干部一心向党、倾心为民的觉悟和热情。该村还组织村民编写了村志。瓦东村始终坚持党建引领、依法治村、民主管村这三大治村“法宝”，实现了村民安居乐业、村庄和谐稳定，连续三年被评为文明村庄。

一座村史馆，一部村志，记录了村庄的变迁，留住了村庄的记忆，也展现了村民的精神风貌，体现了一个村庄的集体价值观。瓦东村史馆通过“红色基因”串联，将村民在革命、建设和改革过程中凝聚而成的“红色基因”注入新时代的奋斗中，成为一座乡村红色文化振兴的堡垒。

图 21 瓦东村村史馆内景（潍坊市委宣传部供图）

（九）潍坊：诸城市石桥子镇刘家庄村

刘家庄村是一个英雄村、光荣村。抗日战争时期，刘家庄人民成立了护村队和自卫团，同附近的日伪军展开斗争。1945 年 3 月，日伪军对刘家庄进行了突袭。刘家庄人民在八路军游击队的领导下英勇抵抗，用枪、炮、石雷、大刀战斗 7 个多小时，打死 38 名日军和 102 名伪军。在这场战斗中，刘家庄有 86 人牺牲。刘家庄村民展现了不怕强敌、不怕牺牲、团结共战的民族精神，谱写了一部抗击外敌侵略的壮丽史诗。为了弘扬爱国主义精神，缅怀革命先烈，石桥子镇在原抗日自卫战争遗址上修建了刘家庄抗日战争纪念馆，成为爱国主义教育基地。

刘家庄自卫战纪念馆、乡村记忆工程展览馆图文并茂地还原了刘家庄保卫战的历史背景和抗日战争进程，提醒人们珍惜来之不易的美好生活。目前，刘家庄抗战纪念馆已接待全国党员、干部、学生 3 万多人。

刘家庄坚持将红色文化与壮大集体经济有机结合，积极探索开辟红色文化旅游线路，打造红色文化品牌。刘家庄正在大力对外招商引资，努力将镇域内的吴家楼水库、荆山、刘家庄抗战纪念馆、华龄文冠园等自然、人文资源有机串联，实现一二三产业融合发展。他们计划将在刘家庄抗战纪念馆周边配套建设餐饮、文化产业，带动周边发展休闲观光农业。目前，刘家庄红色旅游田园综合体项目已完成土地流转 300 亩，成立了社区农业发展服务公司。下一步，刘家庄将继续发展“红色+”产业，努力实现文旅融合、产业共生发展，促进广大居民生活富裕。

图 22　刘家庄村外景（潍坊市委宣传部供图）

（十）聊城：东昌府区侯营镇侯营村

侯营村是镇驻地村庄，人口3600人，由9个村民小组组成，全村党员98人。抗日战争时期，侯营村是抗日堡垒村，有八路军进行地下活动；解放战争时期，有9位革命青年为解放事业献出了宝贵的生命；抗美援朝时期，侯营村有一批儿女参加抗美援朝，立下战功；革命建设时期，侯营村又有一批优秀儿女自愿到祖国边陲工作。

2018年3月，侯营村建成了红色村史馆。该村史馆由村内一处闲置的集体院落改建而成，占地400多平方米，朴素整洁庄严。

村史馆内容丰富，目前分为回顾革命功绩、聆听红色故事、事业继往开来、红色事业永续、关工委在行动、领导关怀六大板块内容，展示了侯营村儿女在不同历史时期为国家为社会做出的贡献。

村史馆的主要发起人是王忠祥。王忠祥是烈士后代，他退休不退志，积极开办“假期学校”，利用假期时间为广大青少年开展传统文化教育等一系列丰富多彩的活动。2015年以来，村里先后举办了夏令营、冬令营活动，党史、民族史、优秀传统文化活动连续四年举办。这几年来，村民对党史、民族史和优秀传统文化非常欢迎。许多村民以志愿者的身份，为夏令营和冬令营服务。为了贯彻“继承红色基因，争创新一代”主题教育精神，王忠祥精心制作了108个两史教育展板，以图片和文字的形式展示了中国共产党的党史、近代史和现代史，借助侯营镇政府捐助的电动三轮车，创办起侯营镇“两史”教育流动大课堂，对全镇群众进行党史、国史巡回教育。

在侯营村主街道一侧，设立了高规格的红色传统教育宣传橱栏，打造了侯营村“百米文化长廊”。“文化长廊”累计张贴红色传统教育画报200余幅，张贴学生手抄报比赛、征文比赛、书画比赛等作品100余幅，张贴村规民80余幅，并且定期更新宣传内容，让侯营村群众不出村就能接受红色传统教育，有力推动了党史国史教育开展和红色文化传承。该村创办了《侯营村关工委青少年教育专刊》，不定期免费向青少年发放。《专刊》以工作室重大活动、党史国史故事、青少年心得体会等为主要内容，收录党史国史资料、授课辅导资料、文化作品资料，便于学生们自主学习、自我教育，接受红色洗礼。截至目前，《专刊》已累计出版9期。

侯营村有红色村史馆、党史国史展览室、道德大讲堂、文化长廊，下一步侯营村要把村史馆打造成红色教育基地，促进侯营村的全面振兴。

（十一）济宁：兖州区兴隆庄街道王家楼村

王家楼村是压煤搬迁村，于2002年搬迁至兴隆庄街道驻地以西。整建后的王家楼村由王家楼、程家行、谢家集三个自然村组成，占地280亩，建设2层小康楼480栋，现有村民438户，1852人，其中党员62名。该村村民精神文化富足，也为党史展室的高标准建设和规范化管理奠定了基础。

王家楼村拥有优良的革命文化传统。1939年10月，兖州区历史上第一个农村基层党组织——程家行村党支部在王家楼村成立。同年 12 月，该支部发展了 3 名党员，1949 年前党员人数已发展至 12 人。多年来，王家楼村村民在红色文化的陶冶下，一直保持着淳朴的民风和温良恭俭让的道德风尚。20 世纪 90 年代中后期，随着改革开放的不断深入，王家楼村的经济发展进入一个空前快速的提升阶段，村民生活水平不断提高，王家楼村也成为全街道的发展标杆。

为回顾党的光辉历程，弘扬革命光荣传统，打造红色教育基地，2012 年 9 月，经上级批准，王家楼村党支部党史展室建成并对外开放。2018 年 6 月，党史展室在原来的基础上进行了重新设计装修，充实了中国共产党十九大内容，展室现已成为兴隆庄街道重要的爱国主义教育阵地，也成了辖区内青少年的思想道德教育课堂。

王家楼村党史展室面积 65 平方米，室内陈列有图文展板，展室全年对外开放，辖区群众可自由参观。展室成立了专业的讲解员队伍，由研究室撰写讲解稿，配备 2 名兼职人员负责讲解工作。他们采用灵活方式讲解，接待学生集体参观时，采用通俗易懂的语言，多引用故事等吸引学生注意，达到良好的教育目的；接待党政机关群体时，采取严谨精练的语言，使观者能对我党的历史有深入了解并产生感悟。

党史展室内陈列有图文展板，每段历史都采用文字和图片相结合的方式，内容翔实，通俗易懂。展板涵盖王家楼村党支部的建设和发展历程，展板内容以史实为轴线，图文并茂地将王家楼村 70 多年波澜壮阔的发展历程呈现出来。

党史展室自建立以来，运转情况良好，充分发挥了思想道德教育作用。下一步，王家楼村将发挥党史展室红色文化资源“接力棒”作用，加强管理，做好服务，及时更新理论内容，采用灵活形式开展丰富多彩的活动，吸引更多的干部、群众、学生走进党史展室，为加快推进乡村振兴战略实施提供精神文化支撑。

图 23　王家楼村党史展室（济宁市委宣传部供图）

（十二）德州：齐河县宣章屯镇宋庄村

宣章屯镇宋庄村建设了乡村记忆展览馆。该展览馆将党史文化、红色文化相融合，通过图片材料和实物全面展示了宋庄村的历史、经济发展、典型人物、村落特色、文化生活和民俗风情，集中反映了宋庄村的历史文化底蕴和在中国共产党领导下取得的巨大业绩。

宣章屯镇宋庄村的乡村记忆展览馆是宣章屯镇为响应乡村振兴战略开展的一项重点工程。村民将家中的老物件贡献到展览馆，展览馆共收集到石磨、铡刀、留声机等老物件100余件，多为20世纪五六十年代的常用器物。“这些东西在别人眼里是破烂，但在我们眼里就是独一无二的宝贝。”宋庄村党支部书记王恩东指着小半个仓库的“老物件”说。它们独一无二并不是因为稀缺，而是这每一件“老物件”背后都有独特的乡村故事。那孤独的老石碾，“它就像我的老朋友”，“你们把它搬走保护起来吧，最近偷碾盘的太多了，我怕以后再也看不见它了”。正在推碾的王在英老人看到收集组的工作人员时激动地说。王在英是宋庄村村民，已经年逾八旬，是现在为数不多知道这个石碾来历的人了。

据王在英介绍，展览馆中陈列的直径近两米的石碾，最少有百年历史，早先村民为日常所需集体凑钱从山上买来石头打造制成。碾盘安好之后，十里八村的村民都来排队用碾，面粉、豆饼等都是靠它制作出来的。后来随着机器的普及，用石碾的人少了，石碾也因为村子建设而辗转四方，受损严重。村中有老人说：“它就像我的老朋友，看见它就会想起我的爷爷、父亲和老伴。”

2018年以来，宣章屯镇以“存乡忆、记乡愁、兴乡村”为总体工作目标，形成了“新兴文化进乡，传统文化返乡”的乡村文化工作新格局，努力打造“开拓进取、吃苦耐劳、邻里相望、团结互助”的新时代乡村文化新面貌。乡村想要振兴，首先人才要振兴，要有一支懂农业、爱农村、爱农民的农村工作队伍。乡村民俗记忆展馆的成立则刚好可以发挥先进文化的引领作用，让古老的传统文化和故土的乡愁在年轻一辈中代代流传下去，让这些既具有现代思想又具有传统美德的年轻人，把我们的乡村建设得生态宜居、乡风文明、生活富裕。

图 24　宋庄村乡村记忆展览馆内景（德州市委宣传部供图）

（十三）德州：陵城区滋镇三洄河

滋镇三洄河位于陵城区东部，滋镇政府驻地西 2 公里处。全村占地面积 1.31 平方公里，共有人口 1191 人，311 户，耕地 1800 余亩。抗战期间，三洄河村党组织建立得早，抗日活动开展得好，对抗战贡献大。当时全县称三洄河村有“三多”，即党员多、参军入伍多、抗战模范事迹多。

在抗日斗争中，当时只有200多户人家的三洄河村有80户送出87名子弟参加抗日武装部队。在动员村民参军入伍的同时，党支部还带领群众积极开展支前活动。男青年参军参战、送军粮，妇女给八路军和县、区武装队员缝军衣、做军鞋军袜，供军需所用。三洄河村的民兵武装队多次受命到外县参加战斗。1944年从村里抽调30多名民兵队员配合县大队到临邑县参加打“小鬼子”的战斗。1945年抽调两个武装民兵班参加了解放商河城的战斗，参战人员在战斗中表现勇敢，受到了表扬。

三洄河村乃是四区抗日根据地的堡垒村，冀鲁边区二地委和县、区的领导同志常来这里居住。为了保持上下级党组织和抗日民主政府的联系，三洄河村设立了地下交通站和秘密联络站，主要任务是传送文件和信件，保持与其他指定秘密联络站的单线联系。当时根据县委批示，三洄河村党支部办起了秘密印刷所，利用从敌人手里缴获的一架旧油印机开展抗日宣传，印刷品有抗日传单、抗战口号、抗日课本、抗日捷报等，内容短小精悍，生动活泼。

1941年秋，三洄河村党支部带领全村共产党员和人民群众秘密开展挖地道活动，历时3个多月，完成了全长730米、高1.6米、宽0.6米的贯通全村的蛇形地道，出口以水井、地瓜窖、炕洞、锅台、柴火垛为掩护，在进行机动灵活的游击战中、在掩护党政军人和伤病员方面，发挥了重要作用。二地委、二军分区和县区的党政干部都曾利用过三洄河地道抗敌战斗。在抗日活动中，三洄河村村民掩护军政人员和抗属100余人，同时也做出了巨大牺牲。在抗日战争和解放战争中，牺牲的革命烈士共11人，其中参与抗日战争8人，参与解放战争3人，是全县烈士最多的村庄。

从2017年开始，三洄河村村两委在区、镇两级党委、政府的帮助下，积极筹备建设三洄河党史馆。村民先后走访党员、群众500余人，翻阅县志、镇志、村志、党史资料100余份。村委会与县委宣传部、党史办、电视台南下四川，采访了曾在三洄河工作过的四川省原人大常委会主任何郝炬老人。群众听说要建设党史馆后，纷纷把自家的老物品、老照片送到村党支部，为筹建党史馆的建设积累了丰富的历史资料。

2018年6月，投资50余万元的三洄河村党史馆建成并投入使用。之后，投资50万元的新时代文明实践站也在加紧筹建。村两委积极运用干部教育培训的创新成果组建了由革命后人、老党员组成的革命故事宣讲小组，以实物、实景、实例、实事为载体，采取课堂讲授、现场教学和生活体验等模式，开展了“讲历史故事、锤炼党性”的活动。党史馆自建成以来，共接待机关、学校团体14个，受教育人数达5000余人，先后被命名为“德州市党史教育基地”“德州市陵城区党史教育基地”“德州市陵城区党性教育基地”。

村两委邀请北京巅峰旅游智业发展有限公司为三洄河村进行了旅游规划，确定了以“红色文化”为主题的乡村旅游发展战略。2019年1月，该村又邀请山东鲁程文化旅游发展有限公司做了修建性规划，借助省级旅游资金建设了一处集住宿、饮食于一体的农家乐，开展了旅游采摘项目，并规划了动物博物馆、地道回忆等旅游景点。

图 25　红色洄河纪念馆外景（德州市委宣传部供图）

（十四）枣庄：滕州市界河镇北沙河村

近年来，界河镇以加强红色教育为切入点，充分发挥北沙河惨案纪念馆的展示教育作用，着力抓好爱国主义宣传教育，取得了显著成效。

1938 年 3 月 15 日，日本侵略者在北沙河杀害了 98 名村民，制造了一起骇人听闻的“北沙河大屠杀”惨案。界河镇以“牢记历史，不忘国耻”为理念，积极保护北沙河大屠杀遗址，挖掘相关史料和文物，坚持发展红色旅游与加强爱国主义和革命传统教育相结合，修建了北沙河大屠杀纪念馆。通过展示日军暴行，教育群众不忘国耻、珍惜和平、振兴中华。

纪念馆总投资220多万元，总面积6500平方米，建筑面积近1000平方米，涉及北沙河惨案、界河战役、滕县保卫战、早期中共滕县党组织建立、中共滕县县委在抗战时期的活动等内容。纪念馆整理出资料69卷，文字32万字，收集图片255幅，征集实物187件，馆藏退役武器6件。2013年该馆进行了提升改造，增加了群众观点经典论述，深刻地解释了群众是创造历史的真正英雄，是我们党的力量的源泉和胜利的基础。2018年，界河镇在馆内又新增“不忘初心，牢记使命”展厅，以党的发展历史为主线，围绕站起来、富起来、强起来三个方面，详细介绍了在党的领导下，中国人民和中华民族逐步走向繁荣富强的伟大发展历程。

政府加大财政投入，2015年投资60万元对纪念馆基础设施进行了提档升级，硬化进馆道路1.2公里，铺设院内花砖900平方米，栽植高档苗木600余株，更换展品架23个、宣传匾牌56块，购置电脑、投影仪等宣传设备6台套。2018年，该镇又投入150万元对展馆整体进行提档升级，广泛征集史料，充实文物，丰富了展出内容。纪念馆实施讲解员持证上岗制度，不断提高教育基地工作人员的整体素质，较好地满足了广大游客对红色旅游服务的需求，不断提升红色旅游区的影响力。

作为关心下一代爱国主义教育基地，2006年，济南军区无偿捐赠退役歼六战斗机1架，T34坦克一辆，榴弹炮2门，加农炮1门，高射炮1门，从而使这里成为鲁南地区馆藏退役武器最多的纪念馆。根据相关史实，纪念馆组织创作了一批以爱国主义教育基地为题材的图书画册，协助创作了一批广播剧、电视剧，以“北沙河大屠杀”为历史背景的电影《血染北沙河》在全国热映。

图 26　北沙河惨案纪念馆（枣庄市委宣传部供图）

图 27　小记者到北沙河惨案纪念馆接受爱国主义教育（枣庄市委宣传部供图）

纪念馆已成为全市青少年进行革命传统教育的教育基地，也成为全市红色旅游的一处新景点。下一步，界河镇将进一步加大投入，强化宣传，优化服务，力争把北沙河惨案纪念馆打造成为实施乡村振兴的红色接力样板，使其成为全市红色旅游精品工程、全国重要的村级爱国主义教育基地。

（十五）泰安：肥城市安驾庄镇马埠村

近年来，肥城市安驾庄镇马埠村聚焦公共文化服务建设，积极构建基层公共文化服务体系，提升优秀公共文化的覆盖面和群众参与率。实施乡村振兴战略以来，马埠村立足省道沿线的区位优势，瞄准乡村旅游产业发展，积极探索“文化+乡村旅游”的融合道路，积极推进“三馆一园”建设，以文化振兴促产业振兴，实现了乡村振兴高起点打造的目标。

马埠民俗博物馆以村内600多年历史的古建筑丁家庙为核心扩建而成，占地面积5000平方米。2013年，村两委投资200多万元，在保存丁氏祠堂原貌的前提下，对祠堂屋面及上下两层主楼墙体进行局部修复，祠堂建筑青砖灰瓦、红门斗彩，庄严而古朴。

民俗博物馆内设有生活起居厅、历史文化厅、生活器具厅、农耕生产厅、纺织服装厅、戏剧道具厅、村庄历史厅7个陈列展厅和1个传统民俗体验区，展馆面积2600平方米，展示历史文物和民俗文化藏品2万余件。各个展厅风格不同，承担的展示功能也不尽相同，最主要展示的是近现代具有传统民俗特色的生产生活器具、宣传资料等实物。展馆还收藏有龙山文化陶罐、明清系列瓷器等极有历史研究价值的文物，藏品跨度由新石器时代至20世纪60年代。马埠民俗博物馆的建立，使优秀的传统文化得到继承和发扬。

博物馆自开馆以来始终坚持公益、开放、共享原则，面向社会免费开放，每年吸引大批团体和个人前来参观，先后被肥城市关工委、泰山网命名为全市青少年教育基地、拍客采风拍摄基地。2018年，民俗博物馆被泰安市直中小学定为研学基地，每周六、周日承担各市直小学的研学活动。为配合中小学生研学活动，村两委利用民俗博物馆西侧地块，建成了占地1500平方米的民俗体验区，配套了老式独轮车、传统农耕器具、农耕实践场、娱乐器具等，发动村内熟悉老物件操作方式的群众加入民俗体验带头人队伍，带领研学中小学生开展民俗体验活动。

图28　马埠民俗博物馆外景（泰安市委宣传部供图）

博物馆积极发挥引领功能，承办了“欢乐乡村行”大型户外电视活动，参与了山东电视广播台《一村一品》栏目。

（十六）东营：东营区史口镇三里庄

东营区史口镇三里庄红色教育基地于 2015 年 9 月开工，2016 年 7 月 1 日开放，是东营区爱国主义和国防教育基地、廉政教育基地、红色教育基地的重要组成部分，被评为“山东省党史教育基地”。三里庄红色教育基地总投资 260 万元，建筑面积 5800 平方米，主要建设内容为 4 个大展厅、10 个辅助小展厅及红色雕塑广场 1 处。

保存好历史文物、重写历史是对英雄致敬的最好方法，三里庄村民积极支持纪念馆建设。村民李茂京听说村里要建纪念馆，主动捐赠了珍藏多年的 3 支土枪。李茂京说：“这些老物件都是父辈留下来的，我们一直很珍视，咱村现在要建纪念馆了，那里，才是它们最终的去处，应该捐出来让更多人看到。”

李茂吉是这个纪念馆的主要筹建者。2015 年，李茂吉和几个村民几经周折在泰安找到 96 岁高龄的革命英雄姚杰，他在解放三里庄战役中任七连指导员，作战时被子弹打穿双目。老人身体状况不佳，但听到来意后很是高兴，强打着精神将所了解的历史一一复述，采访持续了 4 个小时，老人中间几次停下来吸氧、休息。2016 年 8 月，姚杰老英雄的儿子特意来到三里庄红色教育基地，他说：“父亲已经走了，弥留之际，他仍念念不忘三里庄，让我替他再来三里庄看看。”

“当年的三营八连通讯员王树杰也是我们的采访对象，遗憾的是老英雄卧病在床，没能接受采访，他没能等到红色教育基地落成就离世了。王树杰老英雄在世时，他的儿女每年都会带着老人回到三里庄，围着村庄一遍遍地转，一遍遍地看，只为能再走走当年战斗过的地方。虽然收集这些史料是个苦差事，但是每条线索都有一段感人的故事，身累却心不疲。整理资料用时半年，收集线索上万条，先后采访参战老兵或其子女后代 30 多人。”走进教育基地，望望一幅幅珍贵的照片、一串串深沉的文字，李茂吉颇为感慨。

垦利区郝家镇大武村一位 90 岁的老大娘让女儿专程带她来到三里庄，老大娘认认真真、仔仔细细地将三里庄红色教育基地看了好几遍。老人拉着李茂吉的手说：“当时敌人建城墙扫射，牺牲的战士很多，就跟割麦子似的，一排一排地倒下。老伴和儿子的任务就是去挖城墙，敌人白天建，他们晚上挖，再建，再挖。”每每老伴和儿子去执行任务，老人就变成村口的一棵树，定定地站在那里张望，直到对面两个熟悉的身影出现，悬在嗓子眼儿的心才能踏实。沉浸在回忆中，老人落下眼泪，仿佛又回到了那硝烟弥漫的战场，仿佛又在翘首期待亲人回归。如今，老伴已经故去，听说三里庄战役纪念馆落成了，老人仿佛找到了老伴离去的方向。

李茂吉接到过许多电话，他们慕名来访，希望能在史料里寻找到自己的亲人，他们的亲人多半是在这场战役中捐躯的无名英雄。但是很遗憾，史料收集不完善，无法为这些无名英雄的亲属提供有价值的依据。

自开馆以来，三里庄红色教育基地共接待 1000 多批、4 万余名参观者。战争硝烟的洗礼、中华民族不弯的脊梁、盼望亲人归来的眼泪、胜利的欢呼雀跃、幸福生活的弥足珍贵都浓缩在三里庄纪念馆里。

图 29　三里庄红色教育基地外景（东营市委宣传部供图）

（十七）东营：河口区六合街道荆家村

日常生活中的八仙桌、土炕、煤油灯、纺车、织布机，生产中的耧、木锨、石碾、耙子，精美的手工剪纸、虎头鞋，这些在现代生活中已经难得一见的农村生活物品和农耕用具，如今在河口区六合街道荆家文化展馆汇聚一堂，勾勒出一幅久违的农村生产生活图景，成为十里八乡一道靓丽的风景。

2016 年秋，荆家村设立了村史文化馆。该馆以历史记忆为总览，分设历史沿革、耕作生产、民风民俗、农家小院、旧貌再现五部分内容，以图文展板及实物陈列等方式，全方位展示村情村史，把村史村情带进乡间，将优秀传统文化送入村民心间。

得知村里要建文化展馆，村民们踊跃捐赠展品，不少展品都有近百年历史。展品多是已退出生产生活的农具、日用品。对荆家村村民来说，这些物品生动地记录着荆家村即将消逝的民俗生活。走进文化馆，最引人注目的是放置在文化馆正中的沙盘模型，沙盘还原了20世纪90年代的荆家村，沙盘模型上对应着村民姓名，村民可以在这里查询到当年的居住地。

荆家村书记荆延帅说："每逢周末，展厅里就人头攒动。很多家长都带着孩子前来感受民俗文化的魅力。"今年43岁的市民荆同刚说："这里摆的好多东西，有些是我小时候见过用过的，还有很多我都叫不上名字。现在带孩子来展馆看看，让他更多地了解村落文化，了解时代的变迁，从中学习老一辈奋发进取、自强不息的创业精神。"

目前，荆家村已是市级文明村、省级卫生村。村容村貌有了翻天覆地的变化，成了河口区新农村建设的典型模范村。村民做饭不再烧柴，用上了方便的天然气，自来水早就通到住宅，村民们茶余饭后就到村健身广场跳跳舞、健健身。对于那些上了岁数的村民，看着这些以前再普通不过的农具，回忆起那一段段峥嵘岁月，对现在的美好生活更加珍惜。

三、开展尊老爱幼等志愿服务行动，助力乡村振兴

（一）济南：平阴县玫瑰镇儿童成长驿站

平阴县城西南的玫瑰镇西部辖刁山坡和郭套 2 个办事处，下辖 21 个行政村，这些村的孩子大多在刁山坡小学上学。这些行政村河沟港汊较多，或临黄河，或临南水北调工程，学生的上下学安全成为家长极为头疼的大问题，因此加强青少年尤其是小学生校外监管成为当务之急。镇政府针对这种情况成立了儿童成长驿站，实施了“一院、四心、三版块”的 143 家校合育新机制。

“一院”指的是一处文化大院。文化大院大都地处各村中心地带，安全隐患少，有可供学生活动和使用的房舍及部分内部设施。学生放学回到村里的文化大院之后，或读书，或游戏，极大发挥了文化大院的服务功能。

“四心”是指来自四个层面的爱心：一是来自镇党委政府的爱心关怀。镇党委政府将此项工作列入各村全方位目标考核的软性发展指标之一，为家校合育工作的创新打下了坚实的组织基础。二是来自村两委班子的爱心关注。各村支部书记协助学校召开了儿童成长驿站成立大会，指派一名村干部具体负责驿站工作，拨出专款购买和安装了相关教育设施。三是来自村级家委会的爱心参与。成员主要由学生家长组成，他们通过民主商议建立起进站轮值制度，这种互惠互利的轮值模式颇受家长欢迎。四是来自学校指导服务团队的爱心帮助。刁山坡小学指导家委会建章

立制，出台了儿童驿站活动公约、轮流值班制度、考勤请假制度、评价制度等各项规章制度，并与学生和家长签订了安全责任书。

“三版块”是指包括“读书学习+游戏娱乐+社区实践”的课程设置。读书学习版块持续开展“大悦读”活动。学校指导服务团队每周都按计划进村入站，以各种喜闻乐见的形式引导学生“以书为友”，努力用书籍的丰厚营养夯实学生的阅读底蕴。游戏娱乐版块的传统游戏益身心。儿童成长驿站挖掘和恢复了一些优秀的传统游戏，开展丰富多彩的游戏比赛，学生既开发了智力，又陶冶了情操。社区实践版块让爱心永驻幼小心田。学校指导学生就近在文化大院利用课余时间为孤寡老人打扫卫生、表演节目，或组织儿童深入田间帮助大人做一些力所能及的农活，开展简单的社会调查。这些活动把关爱他人、责任担当的精神植入了学生幼小的心田。

玫瑰镇以小学为依托，以村级文化大院为载体，形成了“政府主导、学校指导、村级实施、家长参与”的家校合育新模式。2018 年以来，玫瑰镇以刁山坡小学为依托，建立起可覆盖 9 个村庄、可接纳 177 名小学生的 7 个儿童成长驿站。他们广泛招募了由学校骨干教师、各村五老队伍、本村大学生、市县区域内公益性组织的志愿者，组成了儿童成长驿站服务团队。依据学生成长发展规律，他们科学规划设计了驿站的基本活动内容，解除了学生家长的后顾之忧。

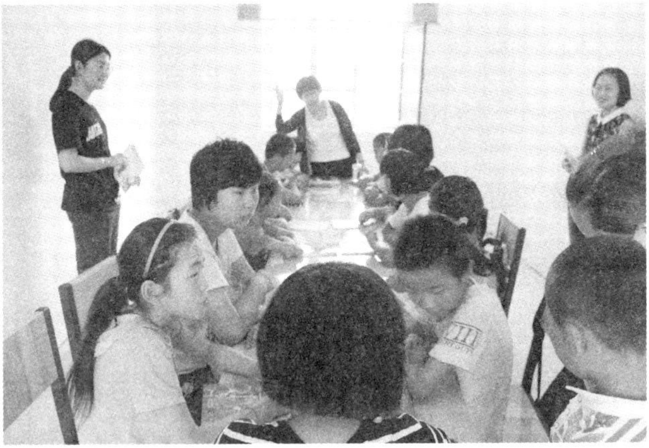

图 30 玫瑰镇儿童成长驿站内景（济南市委宣传部供图）

（二）淄博：临淄区辛店街道孝心村建设

淄博市临淄区辛店街道孝心村建设，旨在以乡风文明为导向，继承发扬中华优秀传统文化。乡风文明建设激发了村民崇真求美向善、自治德治善治的内生动力，他们探索出一条传承传统文化、时代特色浓郁、内生动力强劲的乡村振兴新路径。辛店街道经过两年多的探索，逐渐打造出具有辛店特色的孝心村建设之路。

2017 年 10 月，辛店街道以寨子村、安里村为试点，开展了一系列孝心活动，如孝心宴、给父母洗脚、文艺汇演、送全家福等孝心活动。在党支部的带动下，村民积极参与。很多老乡亲村南村北住着却十几年见不着面，通过孝心宴，他们又拉起了家常；很多子女从来没有给父母洗过脚，通过孝心活动，增进了与父母之间的感情。

在安里村和寨子村的影响带动下，其他村纷纷效仿举办孝心宴等活动。在2017年基础上，2018年街道又丰富了孝心村活动，施行一月一主题，如5月举办母亲节活动，6月举办回到童年活动，7月举办百家宴活动，8月举办爱在七夕相伴一生活动，9月举办中秋团圆夜活动，10月举办情暖重阳畅游花海活动。丰富多彩的活动不仅受到了媒体的关注，也唤醒了乡亲们沉睡的心灵，丰富了乡村文化。

2018年孝心村由原来的2个试点村扩展到了现在的13个村(居)，安里、杨家、毛托等孝心村相继涌现出许多感人事迹。比如，安里村孙全国夫妇为了报答儿子生病时村民集体捐款的恩情，为村里老人发放了鞋子和衣服；杨家社区苗志敏老人为回馈父老，组织60岁以上的老人赴青岛免费体检。

政府充分发挥第三方社会组织的积极性和能动性，大力推动志愿服务，引领孝心村建设，建立了政府主导、社会组织实施的孝心村共建模式。目前，入驻辛店街道社会组织孵化中心的社会组织共有16家，一个社会组织与一个村（居）共建，实现了一对一服务。在共建过程中，社会组织全程公益服务，不收取任何费用，也让村民感受到了街道孝心村建设、服务百姓的决心和毅力。这种共建模式不仅有效节约了街道的人力、物力，也充分发挥了社会组织的创新性，不断丰富和完善孝心村建设。

经过两年多时间的探索，“孝心种子”在辛店街道的各个角落生根发芽、开花结果，逐渐构建出自治、法治、德治、善治“四治”乡村治理新体系、新模式。政府、村民、企业共同参与的孝德文化建设产生了良好涟漪效应，不仅提升了村民的自治意识，同时让村民逐渐从“小孝”转向“大孝”，不断汇聚善治洪流，夯实了乡村自治的文明根基。

图 31 辛店街道孝心宴活动场景（淄博市委宣传部供图）

图 32 辛店街道孝心村重阳节活动合影（淄博市委宣传部供图）

（三）淄博：周村区永安街道办事处灯塔民族社区灯塔幸福苑老年公寓

永安街道灯塔民族社区是周村区唯一的民族社区。关注民生、扶老助老、提高公共服务水平一直是灯塔社区建设文明和谐社区的重要内容。2009 年 3 月，面对人口老龄化日益严重而社会养老机构严重不足的现实，灯塔民族社区创办了灯塔幸福苑老年公寓，2011 年 6 月投入使用。老年公寓占地 15 亩，建筑面积 1.6 万平方米，投资 3200 万元，可同时容纳 400 余名老人居住。老年公寓设有标准间、三人间及多人间，根据老人身体状况划分居住区域，配套设施齐全，保障功能完善。

8 年来，灯塔幸福苑一直秉承“替儿女尽孝，为老人解忧，为社会尽责”的服务宗旨，让每一个入住的老人都能感受到家一般的温暖，享受到星级般的服务。疗养院根据每个老人的需求和喜好定制服务内容，使服务更加“人性化”。幸福苑入住的大部分是 80 岁以上的高龄老人，有的是患病、失智、失能老人。对此，疗养院采取宾馆式服务、医院式疗养、专业化陪护、亲情式管理的工作理念，还在每层设置了书画室、图书室、棋牌室、健身房、娱乐室等活动场所，志趣相投的老人们凑在一起做喜欢的事情，其乐融融。许多失智、失能老人的思维意识和语言表达能力都已退化，让他们生活得有尊严、有质量是幸福苑的服务宗旨之一。疗养院要求服务人员不仅要有技能，还要从感情上把老人当成父母，真心相待、真情付出。疗养院建立了各类规章制度，实行规范化管理。幸福苑明确院长职责、经理职责、护工职责、医护人员职责，制度上墙，按章办事，方便入住老人及家属监督，每季度进行评先树优，形成有效激励机制，使服务质量不断提升。

2015 年以来，社区积极探索和创新养老服务新模式，新建“日托中心”，为白天无法照顾老人的家庭提供方便。同时，他们还提出建立老年人互助小组，让年轻人照顾老年人，让健康人照顾体弱多病者，让老年人在互助中享受幸福生活。幸福苑也成为社会各个方面的爱心志愿人士的爱心基地，每逢节假日，都有爱心志愿者为老人们表演、慰问、义诊，与老人们拉呱谈心，和他们一起开展娱乐活动，老人在这里度过快乐幸福的每一天。

图 33　淄博灯塔幸福苑（淄博市委宣传部供图）

图 34 灯塔社区重阳节慰问演出合影（淄博市委宣传部供图）

（四）淄博：博山区 12349 居家服务信息中心

2013 年 10 月，为了更好地为广大居民服务，在区政府和民政部门的大力扶持下，张梅成立了博山 12349 居家服务信息中心。她开通了淄博第一家 12349 便民服务公益热线，安置了 20 多名下岗职工再就业，带动了全区 1000 余人上岗，现已形成了咨询查询、接单派单、职业培训等一条龙便民服务产业链，被区政府列为“2015 年博山区 22 件民生大事”之一。

博山 12349 居家服务信息中心已成为一个响亮的品牌。该中心创建了“六位一体”的复合生态居家养老服务新模式，即：一个居家养老便民服务呼叫中心、一个老年人日间照料中心、一所职业培训学校、一支爱心志愿服务队、一个居家养老服务中心、一个“SSFS”（社区社会复合生态）社区居家养老模式。自2013年10月成立以来，博山12349居家服务信息中心先后获得“山东省最佳志愿服务组织”“博山区大学生创业示范园”“博山区巾帼志愿服务站”等荣誉称号；2016年被评为中央财政支持的山东省唯一一个“居家养老示范项目”；2017年被国家确认为“智慧健康养老示范基地”，中央电视台、中国教育电视台、山东电视台新闻频道等媒体相继报道，在社会上引起了热烈反响。

2014年，张梅成立了12349爱心义工团和12349爱心助老车队。她带领公司的员工和义工们充分利用周末、假期，不管是烈日炎炎的夏日，还是寒冷的冬天，他们都从不间断地上门关照这些低保孤寡困难老人。截至2017年11月，他们上门关照的困难老人已达671名。

多年来，张梅带领员工和义工们脚踏实地奉献爱心，得到了老人们的爱戴和政府领导的认可。截至目前，12349爱心义工团有爱心志愿者1750余名，爱心助老车辆50余辆，累计出动义工20000余人次，帮扶老人30000余人次。爱心便民的模式方便了百姓生活，为促进社会和谐、弘扬博山孝文化做出了应有的贡献。

（五）烟台：莱州市沙河镇路旺原家村“爱行礼运”新时代文明实践站

莱州市沙河镇路旺原家村有一支“爱行礼运”新时代文明实践队伍，他们来自农村、扎根农村、服务农村，他们是邻里互助的践行者、淳朴民风的传递人，是弘扬优秀传统文化和传播文明新风的贡献者。该村“爱行礼运”新时代文明实践站2018年获得“山东省家庭文化实践创新基地”等荣誉称号。

2017年10月28日，莱州市沙河镇路旺原家村成立了“爱行礼运”新时代文明实践站。在这里，失能和半失能者、行动不便的老人以及带婴儿的妈妈，都可以注册成为扶助对象，他们能在这里及时得到邻里互助圈志愿者的义务帮扶。凡有行为能力的居民都可以注册成为志愿者，他们通过参与邻里互助圈帮扶活动和社区公益活动获得奖励积分，积分又可用于获得他人给予的帮扶。村民迅速组成了志愿者爱心大家庭，成立了“爱心志愿者特区”，彼此照应，互相帮助，大家利用休息时间做义工，在邻里互助圈里结成新同事，从事一份公益事业，获得新的快乐。

为了更好地开展工作，路旺原家村组织成立了“爱行礼运”新时代文明实践站组织机构，专门负责调研村民生活情况，组织和发展爱心志愿者，每月定期培训一次，对涌现出的模范典型进行表彰。组织机构还负责宣传规则制度，接受帮扶申请，组织公益活动，办理积分录入，对落空的帮扶申请、公益活动进行调查分析，及时应对突发状况。有了组织机构和制度保障，更多人加入“爱行礼运”新时代文明实践队伍。

文明实践站建立至今，已发展爱心志愿者182人，扶助对象52人，建立邻里互助圈7个。他们的服务内容包括整理家务、陪伴聊天、送医问诊、文艺娱乐等多种扶助项目。志愿者服务还包括协调家庭邻里关系、关爱留守儿童、帮扶孤残老人等，受到帮扶者已达两千多人次。在志愿服务过程中，志愿者们逐渐成为服务村庄项目建设、环境美化、乡风文明的一支生力军，出现了很多互助活动模范领军人物，涌现了一大批令人感动的爱心事例。2019 年 1 月，原公信等 10 位爱心志愿者获得“齐鲁邻里互助模范”荣誉称号，他们用微言善行的积淀诠释了文明更深层次的美。

一系列的文明实践活动开启了乡亲们对美好生活的憧憬与热爱。越来越多受益于爱心互助志愿服务的群众参与到活动中来，潜移默化间带来了村庄社会风气的大改变，和谐向上的文明新风在路旺原家村悄然形成。

图 35 路旺原家村“齐鲁邻里互助模范”获奖经验交流会
（烟台市委宣传部供图）

（六）烟台：莱山区初家街道曹家庄社区、南巷村敬老活动

烟台市莱山区初家街道曹家庄社区辖区方圆 3 公里，现有居民 450 户，总人口 1402 人，村两委成员 6 人，党员 55 人，村民

代表48人。为营造尊老爱老良好风气，曹家庄社区开展了一系列切实惠及老人的做法。曹家庄社区成立了老年人日间照料中心，每天为六十周岁以上老人提供营养均衡的早餐、午餐。社区同步建立了老年人活动中心，建立了乒乓球活动室、室内健身室、室外健身场、老年人幸福院、老年人活动之家，提高了社区居民的全民健身热情，解除了许多家庭老年人无人照顾的后顾之忧。

南巷村每年投入将近200万元为六十岁以上老人发福利、发生活补助。老年人不仅满足了精神需求，而且生活质量也逐年提升。南巷村是敬老爱老的模范村，村两委对老人关爱有加，并开展了许多特色活动。从2009年起，南巷村每年评选出支持村集体工作好、发挥余热好、和谐家庭心态好、关心后代成长好、健康生活方式好、言谈举止文明好的“六好”老年人。每年新评选的“六好”老人带动其他老年人开展有特色、有针对性的志愿活动。“六好”老人评选促进了邻里关系和睦，助推了新时代文明建设，志愿活动宣传党的政策理论、解决群众的生活难题，不仅收获了掌声，形成老人之间互帮互助的良好氛围，而且带动了更多的老年人参与进来，对周边群众也产生了极大的影响。

南巷村鼓励老人定期充电，做知识型老年人。借助南巷村成立的老龄委、老年活动中心、老年大学，每月为老人开展两次固定学习日，组织村里的老人集中学习时事政治、文化保健知识等，让他们及时了解国家大事，掌握科学健康的生活方式。老人们自发组织学习活动，自由开展交流活动，充实老年时光。村两委还根据老年人的身心特点，组织开展歌舞表演、故事会、诗朗诵等文艺活动，让老年人尽情享受生活乐趣。老人们也经常自发组织文艺演出活动，他们提前几个月编写、排练，选取的节目紧扣党的十九大精神、乡村振兴、四德教育等时代主旋律。“六好”老人组成的新时代文明实践小分队是文艺活动中不可缺少的身影，他们以讲堂、演出、入户等方式走进社区、走近家庭，向广大群众讲理论、讲政策、讲文化、讲故事，不仅提振了精神，还传播了正能量，进一步带动了南巷村的精神文明建设。

（七）聊城：东阿县大桥镇毕庄村孝善文化

聊城市东阿县大桥镇毕庄村是聊城市“市级文明村”、东阿县“尊老敬老”先进村集体。该村现有村民 432 户，1600 人，其中贫困人口 30 户，58 人。毕庄村将孝善文化弘扬与脱贫攻坚战结合起来，总结出一套行之有效的模式。

一是邻里互助网格化服务。按照就近原则，该村将村内贫困人口划分为 15 个网格。他们选择网格内 1 名有服务能力的党员作为网格员，重点帮扶贫困户、留守儿童、留守老人三类群体。同时，由镇卫生院、乡村医生组成医疗服务队，定期为贫困户查体，并建立健康档案，实施有针对性的动态管理。

二是日间照料托管式服务。村内建立了日间照料中心，设护理员 1 人、乡村医生 1 人，为村内无劳动能力的贫困老人、留守老人提供托管式养老服务。该村还实施了“两个饭盒”模式，让有行动能力的老人集中就餐，行动不便的可居家照料，提高了老人生活质量，同时解放了贫困家庭劳动力外出打工，增加收入。目前，中心日常照料老人 9 人，送餐 1 人。

图 36　毕庄村孝心饺子宴现场（聊城市委宣传部供图）

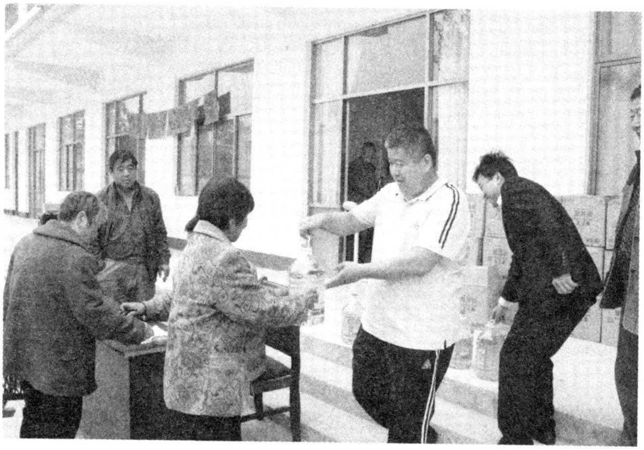

图 37　毕庄村为村里老人发放食用油（聊城市委宣传部供图）

三是弘孝善带动全民参与。毕庄村将孝善文化和精准扶贫有机融合。立足于“孝”，该村制定了“孝心红包”制度。村支部倡导 70 周岁以上老人子女每月拿出不低于 100 元的孝心红包，支部再补贴10元孝心红包，定期发放到老人手中，形成了家家尽孝的好家风。在支部的带动下，毕庄村成立了孝善基金，发动党员、干部、群众踊跃捐款，基金成立当日捐款达18370元。在为日间照料中心提供经费保障的同时，也用于贫困户的临时救助，为困难群体构建起多重保障网，形成了人人助贫的好村风。

（八）济宁：邹城市千泉街道泉兴社区公益活动

千泉街道泉兴社区致力打造文化服务型社区，社区先后建起了青春健康教育俱乐部、四点半课堂、社区文化一条街、妇女儿童家园等文化教育基地，该基地已获得“山东省青春健康教育俱乐部示范基地”称号。

青春健康教育俱乐部总建设面积600平方米，内设健康小屋、心理辅导室、疾病筛查治疗康复室、健康档案室、老年人文体娱乐室、书画室、图书室等功能场所。该俱乐部以社区为中心、家庭为单位，开展疾病预防、医疗、康复、青春健康导航等服务，集多功能于一体，并与省级医院建立联络，专家医生通过远程诊疗定期为群众看诊，帮助群众在家门口就能享受省级就医。

四点半课堂周一到周五对社区中小学生进行免费的课业辅导、兴趣培养、性格养成等活动。他们选聘优质辅导教师，定点按时免费为辖区少年儿童辅导作业。四点半课堂将孩子们吸引到这个健康成长的环境中，为孩子们提供健康快乐成长的港湾。

社区文化一条街横贯泉兴家园小区中心，铺设塑胶步道800余米，内设未成年人活动广场、居民健康知识教育广场、党群驿站、素质固安安全教育广场。街区风格多样，造型不一的国学文化、健康知识、人物雕塑展示牌，通过生动的图片和浅显易懂的文字为居民传授知识。

妇女儿童家园，以服务妇女儿童发展为理念，总占地面积约 350 平方米，内部配设了悄悄话室、宣泄室、亲子家园、健康小屋、儿童娱乐基地、妇女之家、巾帼活动室等区域。社区通过文艺汇演、趣味体育接力比赛等丰富多彩的文化艺术活动，引导青少年积极参加青春健康教育，形成积极向上的健康心态。社区先后组织了未成年人青春健康教育讲座 6 次，口腔健康知识讲座 2 次，居民健康知识讲座 5 次，累计参加讲座 1600 余人次。妇女儿童家园组织老年人及育龄妇女查体 4 次，先后为 500 余人次提供服务。活动室订阅了《婚姻与家庭》《知音》《女友》等各类杂志，定期为社区妇女开办健康知识讲座，已举办启创文化家庭教育俱乐部公益讲座 3 次，家庭家风教育讲座 2 次，共有 320 余人参加。

社区活动中心以公益活动为主导，相继成立了社区老年党支部、社区红白理事会、巾帼旗袍舞蹈协会、泉兴太极拳协会、玉民书法协会、青春领航志愿者服务队等组织。这些队伍大力开展各类宣传教育活动，利用节假日开展传统文化宣传、公益演出等丰富多彩的文体活动，提升居民文化素养。他们积极开展社区政策、精神文明、普法廉政等宣传活动，群众参与热情高涨，逐渐树立起社区品牌。

图 38 泉兴社区四点半课堂场景（济宁市委宣传部供图）

图 39 泉兴社区太极拳协会表演现场（济宁市委宣传部供图）

（九）德州：禹城市禹泽社区“彩虹桥”服务项目

留守儿童是乡村常见问题，留守儿童父母与孩子沟通少，有的一年才回家一次，这就造成了他们的孩子长期见不到父母、无人照顾、无人辅导作业等问题。长此以往，不仅影响孩子的身心健康，可能还会引发青少年社会问题，所以青少年儿童的校外教育问题急需解决。基于以上问题，禹泽社区在彩虹城党群服务中心创建了“彩虹桥”服务项目，积极打造志愿服务平台，为社区青少年架起了一座放飞梦想的彩虹连心桥。

服务中心配备专门的工作人员，招募了十二名志愿者，培育了三家教育志愿培训机构，签订志愿服务协议并制订了详细的工作方案。志愿者联合禹泽社区驻区单位及境内的爱心企业，以活动为载体，为禹泽社区境内的青少年及留守儿童提供优质的志愿服务。

彩虹桥项目的服务内容包括：第一，每天下午四点半为社区青少年开放四点半课堂，有专门的志愿者老师给孩子们开展作业辅导，为无人接送、无法辅导孩子作业的家庭解除了后顾之忧。第二，周六及周日为青少年开办书画、舞蹈等兴趣课，开展感恩的心、红色文化传承等教育课，丰富了孩子们的业余生活和内心世界。第三，连续两年暑期邀请山东师范大学志愿者为禹泽社区青少年开展为期 15 天的“彩虹计划”及“又见彩虹”志愿服务，把先进的教育理念和学习方式带给社区的孩子和家长们。第四，利用暑期开办残疾儿童公益班，为三名智障儿童提供义务培养服务并建立“手拉手”关系。通过志愿者老师的耐心辅导以及增加智障儿童与正常孩子的沟通频率，智障儿童在性格及沟通方面都有了很大的改观。第五，六一儿童节举办“关爱儿童成长，共度快乐六一”文艺演出，为孩子们提供展示自我、放飞梦想的舞台，同时呼吁全社会共同关爱儿童成长。此外，社区举办了一系列讲座活动，如“红色文化进社区，共同铸就中国梦”活动，邀请老红军为孩子们讲革命历史故事，重温红色经典；邀请禹城市交警队警官给孩子们讲述交通安全知识，通过有奖问答和看动画片的形式，让孩子们在快乐的氛围中学到实用的交通知识。

图 40　2018 年志愿者辅导禹泽社区孩子写作业场景
（德州市委宣传部供图）

彩虹桥项目是在社区党建的引领下开展的为民服务项目、志愿服务项目。禹泽社区共驻共建单位禹城市人大、禹城市妇联、禹城史志办等多家单位为社区青少年捐赠了大量的书包、画笔等文具及图书，为孩子们的学习提供了保障。服务中心为有能力、有意愿的社会组织提供志愿服务支持平台，引导他们为社区青少年开展志愿服务，真正把党的关怀带到了老百姓身边，解决了困扰他们的实际问题，为青少年架起一座彩虹连心桥，从一定程度上促进了新时代青少年教育事业的发展，引起了全社会对儿童成长的关注。

（十）枣庄：滕州市善南街道清华园社区志愿服务活动

善南街道清华园社区辖丁庄、张北庄、五里坂、鞠庄、王庄5个村居和荆善南苑社区1个城市社区，总人口约4200户，1.5万人。社区党群服务中心设有党群服务大厅、24小时书吧、社区警务室、廉政教育中心、四点半课堂、妇女儿童家园、文明讲习所、心理咨询室等功能室，为社区居民提供“一站式、菜单化”便民服务，有效提高了社区居民的幸福指数。

清华园社区成立了30余人的彩虹志愿者服务队，与中和社工和乡音艺术团共同推广“社工+志愿者”工作模式，先后组建了110人的社区志愿者队伍和104人的文明交通志愿者队伍，开展文明秩序引导、不文明行为劝导等文明交通引导活动。社区积极与民营单位建立友好关系，同辖区单位结对共建，加强与周边商家横向联系，成立志愿者商家联盟，推行志愿者积分制度，实行积分兑换商品活动，形成了共建、共享、共赢的工作新格局。

社区围绕“突出特色、精准服务”的原则设立了一站式服务大厅，为居民提供党务政务、物业管理、快递转接等便民服务。彩虹志愿服务站初步建立了“1+7+7”的服务体系，满足居民的日常生活需求。社区建立了托老日间照料中心，为辖区老人提供日间休息、文化娱乐、心理咨询等贴心服务项目。社区的健身娱乐场馆安装了各类健身器材，新建了舞蹈房，面向社区居民全天开放，满足社区不同群体的文体需求。社区食堂为社区居民提供活力早餐、营养午晚餐、悠闲下午茶等各类营养餐，为社区老人、志愿者、贫困家庭等特殊群体带来了方便。

社区“四点半课堂”和妇女儿童家园在每个工作日下午四点半之后免费为孩子们提供作业辅导、兴趣培养等服务，不定期开设丰富的兴趣课程。中和社工每周六为青少年提供培训教育，丰富孩子的业余生活。在周末及寒暑假，书画室会邀请一些书画家培训授课。心理咨询室聘请专业心理辅导师每周二、四接待居民和青少年咨询，帮助大家及时做好心理调适和疏导。

图 41　2018 年中和社工带领清华园社区孩子研学合影
（枣庄市委宣传部供图）

社区开展的一系列活动调动起居民参与社区生活的积极性，社区特色服务活动进入常态化，提升了居民的融合度，群众志愿者不断涌现出先进典型，居民融合、服务便捷的特色社区逐渐建立起来。

（十一）泰安：肥城市高新区穆庄村农家书屋

肥城市高新区穆庄村面积 5.6 平方公里，耕地 1750 亩，总人口 4200 人，下辖 7 个党小组，152 名党员。该村先后荣获肥城市“新农村建设 30 强”“桃都美丽乡村精品村”“和谐村居创建先进单位”“文化建设先进村居”“泰安市级文明村”等荣誉称号。

穆庄村将农家书屋建设作为培育新型农民、创建和谐村居的平台和抓手，在书屋管理上不断加大投入，最大限度地发挥书屋的作用。目前农家书屋存书达到 1.2 万册，并保持每年 3000 册中小学生课外书籍的上新数量充实农家书屋，书屋另有电子阅览室，配备电脑 10 台，满足了本村各年龄段人群的读书学习需求。

穆庄村结合新时代文明实践站建设的要求，为了解决学生父母因工作不能及时接送孩子的后顾之忧，村两委与穆庄小学对接，成立了由 10 名小学教师组成的青年志愿者队伍，放学后统一把孩子接到村四点半学校和农家书屋看书学习。这一举措深受孩子家长称赞。每周六下午两点半至四点半，青年志愿者组织举办“爱心书屋”读书会，每月为学生推荐一本好书，一同阅读，鼓励学生做好读书心得、摘抄、笔记，写读后感，并统一评比，对获奖者进行奖励。喜欢书法和绘画的孩子还可以在农家书屋习字画画，培养孩子多方面的兴趣和爱好。农家书屋寒暑假期间也为学生开放，全村 50 多名中小学生假期可随时到农家书屋读书学习。

农家书屋提高了文化服务中心的效能发挥，解决了家长无暇照顾孩子的烦恼，也让学生们通过读书感受书香墨趣，培养了学生的读书习惯和素质修养。农家书屋受到群众的高度赞扬，推动了穆庄村公共文化服务体系建设，真正让文化阵地在农村社区中发挥其重要作用。

图 42　孩子们在穆庄村农家书屋学习场景（泰安市委宣传部供图）

（十二）泰安：泰山区上高街道双龙社区缘梦公益服务中心

泰山区上高街道双龙社区成立于 2013 年 4 月，社区现有三个高层住宅区，37 栋居民楼，1864 户居民，已有 1500 余户入住社区。近年来，社区高度重视文化建设，在社区服务过程中，大力发展社区群众文化，不断营造浓厚的文化氛围，努力筑就居民们心目中的和美家园。

社区先后投资200余万元，高标准打造了2000余平方米的社区综合文化服务中心，建成了便民服务、社区警务、文体娱乐、党建教育、国学讲堂五个功能区。便民服务区设有党建宣传、民政社保、老龄团委等一站式便民服务窗口。社区警务区开展综合治理和公安“六进”宣传，为出租房屋和流动人口提供服务。文体娱乐区设有文艺排练室、健身室等文体活动场所。党建教育区设置党建活动室、多功能会议室、邻里共治中心、青年志愿服务站等功能室。国学讲堂区设置古色古香的社区国学讲堂及书画展示长廊。

为创新社区文化服务机制，社区成立了双龙社区缘梦公益服务中心。他们充分挖掘整合社区资源，培育文化骨干带头人，成立了青舞飞扬、墨香书画、枫叶合唱、太极神韵等协会。在这些协会的带动下，社区开办了缘梦大课堂，开设舞蹈、书画、太极等六个专业十个班次，每周一至周五聘请专业老师进行指导培训，提高文体队伍的专业素质。服务中心购置了电钢琴、电视机、音响、演出服装、道具、战鼓、投影仪等设备，为会员提供良好的学习条件，目前定期参加大课堂的居民有300余人。

2018年，缘梦公益服务中心承接了启星关爱儿童项目、青少年传统文化培训项目、乐享沙龙等政府项目。其中，启星儿童成长项目开展了青少年太极拳启蒙培训、丹青绘童心国画培训、小古文晨读课、软笔书法培训、婴幼儿早教等公益培训，参与家长、儿童共计2700多人次。青少年传统文化培训项目针对青少年开展礼仪、茶艺、古诗、传统艺术、国学经典等系列讲座二十余场。服务中心针对老年群体开展茶艺、手机摄影、户外写生等文化服务项目，积极引导老年人参与文化建设。

社区综合文化活动中心根据居民需求，创新工作思路，积极组织寓教于乐的文体活动，以社区文化建设凝聚人心，塑造社区品牌，丰富老少居民的文化娱乐需求，努力实现“党建引领，协会带动，文化繁荣，幸福社区”的服务理念。

（十三）滨州：博兴县乐安社区孝老爱亲公共服务

博昌街道乐安社区加强社区文化建设，积极组织开展群众喜闻乐见的社区文化活动，热心服务人民，不断加强基层文化改革创新力度，在实际工作中创造了许多宝贵的工作经验和样板案例。

乐安社区每逢节假日都会组织开展文体活动，丰富群众文化生活，并针对不同年龄段群体开展特色活动。针对青少年，社区热爱象棋的居民主动为孩子们讲解象棋基础知识；机器人科技体验活动则请相关人员为青少年讲解机械、科技原理，制作简单的机械模型装置，锻炼孩子们的思维能力、创造力。“我为我掌舵”青少年积极成长小组和亲子沙盘成长小组以积极心理学为背景知识，通过自我探索的过程帮助青少年认识、了解和接纳自己，提升韧性，提高自我效能，促进自信心的建立。少年儿童在沙盘游戏过程中实现自由表达自我、修复心理创伤，家长可在咨询师的指导下调整家庭教育方式，提高教育能力。

针对老年人的需求，社区定期开展象棋、军旗、跳棋、扑克等棋牌知识讲座及比赛，使老人们广交棋友，愉悦身心。爱好书画的老年朋友可参与社区举办的书画沙龙和书画交流会，爱好者相互切磋技艺，共同进步。戏曲活动为京剧、吕剧票友举办才艺切磋会，公益性演出为广大居民带来欢乐和温暖。社区还利用电子阅览室和教育培训站教给老年人电脑、智能手机的操作方法，让老年人跟上社会的潮流。乐安社区组建了特色突出的文化队伍。老年艺术团汇聚京剧、吕剧、舞蹈等各路艺术人才，舞蹈队多次代表本县参加省市级文艺汇演和比赛，取得了优异成绩。

乐安社区推出的“关爱一生”特色服务品牌涉及社区居民出生、入学、婚育、幸福、失业、帮困、残疾、节日、养老、离世 10 个重要节点，包含生活方方面面的 81 项服务内容。社区定期聘请专家为居民开展技能提升、疾病防治、健康保健等服务活动，为刚入学的小学生赠送入学新书包和文具，为新婚夫妇赠送新婚水晶纪念品，为年满六十周岁的老人赠送花甲青春水晶纪念品，让居民切实感受到社区大家庭的温暖与关爱，着力打造“服务无止境、关爱零距离”的社区关爱一生服务理念。

社区服务中心整合社会资源，凝聚社会力量，培育、发展了文体型、服务型、公益型三大类的 62 个社会组织，提供 300 多项服务内容，并在社会组织服务中融入社工专业方法，为居民提供设置文体娱乐场地、洗衣送餐、上门查体、家庭保洁、代买代办等便民服务。目前公益组织服务人员有123人，为社区居民尤其是老年人的生活带来极大便利。乐安社区积极打造特色服务品牌，让社区服务有亮点，不断丰富居民的文化生活，努力建设文明、和谐、温馨、安居的社区大家园，提升社区居民的幸福指数。

图43 乐安社区庆"七一"扑克牌比赛（滨州市委宣传部供图）

（十四）临沂：沂南县万佛山村志愿者让空巢老人吃上热乎饭

万佛山村是沂南县西部一个偏远的省定贫困村，全村有建档立卡贫困户141户，251人。有部分老人由于子女不在身边过着独居生活，行动不便的老人难以吃上热乎的饭菜，身体不适也没人帮助叫医生。

2018年7月开始，村里实施了"爱心早餐"工程。村里24

名留守妇女组成了爱心早餐志愿服务队，每天 1 人负责做饭，2 至 4 人负责为 12 户贫困老人送饭，同时查看老人身体健康状况，村里 80 岁以上的贫困空巢老人都成了受益者。

李金华是志愿服务队的队长，她每天开车带着 2 位成员送饭。她说："村里很多老人身体不好，早晨很多时候吃饭不及时，上午九点、十点能吃上早饭就不错了。现在我们每天给 80 岁以上的老人送早饭，他们六点半起床后就能准时吃上早饭。"李金华从来没有耽误过老人的一顿饭，她说："能够照顾这些老人，我们觉得很有意义，就像照顾自家老人一样。"

"爱心早餐"的资金由村孝心养老基金提供，村里上半年共筹集用于家庭养老孝心基金 12.5 万元，全村 70 岁以上的老人每月都能收到 110 元孝心款。12 户老人每天食材费用约为 60 元，这项工程每月开支约 2000 多元。志愿者的热情服务让高龄贫困老人有了生活保证。

（十五）威海：环翠区环翠楼街道西北村社区"爱心门铃"

2018 年 3 月 28 日下午，山东威海环翠楼街道西北村社区联合辖区共建单位新新娘凯瑟琳婚纱摄影，免费为社区空巢、独居老人安装"爱心门铃"，以便让这些老人在遇到突发事件时，按响门铃就能得到志愿者的及时救助。

当日下午 2 时许，在西北村社区活动室，社区党总支书记李艳军和新新娘凯瑟琳婚纱摄影总经理熊伯华捐赠"爱心门铃"30 个，并现场为居民讲解使用方法。

他们为每位独居、空巢老人配一名志愿者，这些志愿者都是老人身边年轻或身体好的邻居。门铃分为呼叫器和报警器两部分，呼叫器安在老人家中，报警器安在志愿者家里。当老人有特殊情况需要求助时，只要按下呼叫器，和老人结对的志愿者在家就能听见报警声，然后会立刻赶过来。门铃非常节能，一年只需消耗1度电。

当天下午，社区工作人员上门为老人们安装调试“爱心门铃”。在独居老人刘月桂家，社区工作人员现场为其演示：将配对调试好的门铃插在插座上，轻轻按一下呼叫器，门铃立刻响了起来。

“这个门铃有30多种声音，200米范围内都能听到。等您对门回来，您把门铃插在他们家就可以了，我们已经提前沟通好了。”李艳军为刘月桂老人讲解道。

“真是太好了！”刘月桂说，虽然自己身体还算硬朗，儿女也常过来，但毕竟年岁大了，平时独自在家难免遇到难事，“爱心门铃”让她安心了许多。

四、发挥乡民主体作用，以乡民自治带动乡村振兴

（一）济南：槐荫区兴福街道油牌赵村

兴福街道油牌赵村旧村址位于槐荫区青岛路西，距济南西站1.5公里。近年来，油牌赵村始终以实现乡村振兴为目标，秉承“为民、便民、利民”的工作宗旨，不断推进村民文化服务、民生服务，以服务促和谐，以服务促振兴，取得了良好效果。2018年度，在兴福街道2018年度村居考核评议中，油牌

赵村荣获一等奖；村党支部书记徐良同志荣获“出彩型”好干部荣誉称号。

2017 年底，油牌赵村被纳入了济南国际医学科学中心核心区整体拆迁范围，迎来了发展的新机遇。在顺利完成全村清零后，拆迁后期村民的服务又成了当务之急。2018 年 12 月，在油牌赵村拆迁一周年之际，村两委会开展了“听民声、求民意、察民情、解民难”的入户走访活动，用 2 周时间对分散居住在 14 个小区的村民全部走访了一遍，切实了解拆迁后的村情民意，了解并解决村民的实际问题。

油牌赵村一直将为民服务摆在重要位置，村内设置了便民服务车和代办员，哪家哪户有需要，由村委出车出人帮助解决。尤其针对村内贫困户、孤寡老人、大病残疾家庭等群体开展主动上门服务，在服务方面实现为民服务一站式、村民办事零跑腿。以便民服务车、代办员、入户走访活动等服务活动为基础，2019 年 1 月，油牌赵村成立了初心为民服务热线。

村两委设置宣传员、卫生员、维修员、调解员、协调员五大专员，负责上级方针政策宣传、村民卫生健康协助教育、家用设备维修、村民矛盾化解、协助办理业务等多项为民服务内容，实时解决村民问题。“小事不出热线、大事不出村居”的服务原则为建设和谐幸福的油牌赵村做出积极贡献。

2019年初心为民服务热线

在学习党的十九大精神之后村两委紧抓落实，为了更贴心的服务于村民，让村民的生活更便利，业余生活更丰富，在2019年我们专门设立了“初心为民服务热线”（17116212345），用于解决村民日常生活所遇到的难题。

初心热线五大服务专员职责：

一、宣传员　负责人:贾超

主要把党的路线、方针、政策进行广泛宣传，以入户讲解、组织演出的形式展现新农村的精神文明、面貌，做好市、区、办、村与老百姓的纽带作用。

二、卫生员　负责人:宋世霞

主要为我村老年人定期进行入户健康体检和健康知识讲解，对孤寡、行动不便的老人更要给予更多更好的保健关注，对村育龄妇女做好计生工作。

三、维修员　负责人:杜振声

主要针对村民家中的水电暖等家里常用设备的上门维修，尤其是以老年人、行动不便的为主要帮扶对象，并进行日常水电暖使用注意事项和防火等方面的安全讲解。

四、调解员　负责人:贾相荣

针对村民家庭、邻里等不和谐因素和矛盾进行及时化解和调解。并对村规民约进行广泛宣传，让精神文明建设走进千家万户，成为我村的主要任务之一。

五、协调员　负责人:赵家朋

主要为我村民进行与外界的事件问题的沟通和协调，在法律为依据的前提下为村民及时协调好外部的一切重大的问题。

以上五大员的主要负责人和成员要本着为全心全意为村民服务的思想，做好我村上门便民服务工作，在工作中为民排忧解难为己任，相互配合、相互支持，充分发挥村两委成员的责任义务，并做到不吃拿卡要等不良行为的发生，用积极态度和良好的心态及时为村民排忧解难。

图44　油牌赵村初心为民服务热线服务专员分工

（济南市委宣传部供图）

（二）济南：平阴县玫瑰镇站西村

近年来，随着平阴县玫瑰镇站西村群众参与村庄治理意识的不断增强，需求也更加多元化。为了打通服务群众的“最后一公里”，提高群众满意度，站西村今年年初开出《关于乡风文明银行的实施办法》《关于建立胡同长四级治理运行模式的实施方案》两剂“药方”。

胡同长是群众选出的有责任心、有威望、有能力的党员和群众代表，村两委采取文明积分、党员积分、定期督导等方式不断提高胡同长的责任意识。在胡同口墙壁上张贴的乡村文明责任牌上，可以清晰地看到胡同长的四项职责，分别是：清扫街道卫生、协调邻里关系、化解基层矛盾以及推进乡风文明。由此形成户、胡同、村民小组、乡风文明银行的网格化管理体系，村级事务实现网格化管理。村两委会作为责任主体，将责任分解落实到各村民小组，结合胡同长共同发挥作用。

站西村网格化治理模式主要有四个特点：一是管理区域网格化。按照方便管理、无缝覆盖的原则，全村共划分 4 个网格管理站和 32 名网格管理员即胡同长，形成村、网格管理站、网格管理员三级网格化管理模式。二是档案规范化，高标准、严要求，做好农村网格化管理基础资料收集归档工作，按照一户一档的原则落实专人专项整理保管。三是实行管理内容标准化，全村网格化管理统一。四是管理人员责任化，胡同长以身作则，是村民信赖的人选，凡事村各级负责人碰头儿协商解决。

网格化的治理模式有效促进了平阴县站西村的乡村振兴。

图 45 胡同长工作职责指示牌（济南市委宣传部供图）

（三）淄博：博山区新泰山社区

新泰山社区位于博山城区东南部，辖区面积 0.7 平方公里，由新泰山花园小区、龙泉巷花苑小区、南关小区、灯泡厂宿舍区、第一医院宿舍区 5 个小区组成。该社区现有居民 3100 余户，7600 余人，其中党员 79 人，驻地单位 11 家，经营业户 120 余家。近年来，新泰山社区认真贯彻落实上级工作部署，紧紧围绕打造“靓丽新泰山、和谐新泰山”的工作目标，积极改善社区环境面貌，先后获得省级模范居委会、山东省最美志愿服务社区、城东街道五星级党组织等荣誉称号。

社区投入近百万元资金建立了一站式、多功能社区党群服务中心。中心设有党员服务等“一站式”服务窗口，配有党员活动室、社区党校、社区廉政教育展室、会员之家、爱心借助站等功能园地。该社区实现党建与社区文化、服务、民生、综合治理等工作的深度融合，让居民一次就能办理得明明白白，铸造党群服务中心新品牌。

新泰山社区党总支立足实际，将资源要素一线整合，全力加强“五级网络”建设，运用网格化党建管理模式，发挥好区域化互联网网络信息平台作用，努力形成上下贯通、全面覆盖的街道、社区党建网络体系。该社区积极协调辖区市第一医院、区环保局、区保安公司成立社区大党委，充分调动驻地单位参与社区党建的积极性。社区发挥网格党支部、楼院党小组和党员中心户的工作能动性，建立了社区网站、社区公众微信号、党员微信群、居民微信群，广泛开展互助互建、信息互通，推动党建各类资源要素持续不断地向社区输送，提升社区基层党组织服务中心的工作能力，促进党的声音及时传达到基层、落实到群众。

新泰山社区党总支紧密联系辖区实际，针对群众实际需求，成立了“红徽章”宣传志愿者服务队、“红标牌”爱心志愿者服务队等五支红色服务队。这些服务群众的志愿服务队带动起居民参与社区建设的积极性。

目前已有辖区内 1226 名党员群众自觉参与到“五红”志愿服务队中，累计开展各类志愿服务 1100 余次，志愿服务时间超过 3600 小时，成为社区的一道亮丽风景线。社区党总支利用节假日丰富群众业余文化生活，实现文化活动走进居民身边的经常化、常态化，全力提升社区广大居民的精神文明素质。

图 46 新泰山社区志愿服务队（淄博市委宣传部供图）

（四）淄博：高青县田镇街道青苑社区

田镇街道青苑社区成立于 2008 年 7 月，位于县城西部，以单位和老旧小区为主，居民年龄偏大。居民对志愿服务的需求量大，为更好地服务社区居民，青苑社区创新志愿服务模式，树立了“四季有爱有我们”的志愿服务品牌，旨在为居民提供心贴心的服务，创建温暖舒心的社区大家庭。

为了更好地为居民提供服务，社区不断壮大志愿服务队伍，成立了由社区党员自发组成的“天朗气清党员义工队”及由社区工作人员、网格员、业委会成员、辖区爱心居民组成的“惠风和畅志愿服务队”。截至 2018 年 11 月底，社区志愿者队伍由原来的 10 名增加到 200 余名。随着为居民服务力量的不断壮大，社区积极联合党建共建单位针对不同的人群开展内容丰富的志愿活动，年累计举办志愿活动百余次，服务人群达五千余人。

随着社区志愿活动开展的不断深入，居民对志愿服务的质量要求越来越高。为更全面地为居民提供高质量的志愿服务，社区积极完善志愿服务制度，提出打造“四季有爱有我们”的志愿服务品牌，以“月月有活动，期期有主题”为目标，与传统节日融合，年初制订活动计划，确定每月的活动主题、活动。

为调动志愿者的积极性，社区创新性地提出“积分服务制”。社区根据志愿活动的难易程度及志愿者参与活动的时长设置不同分值，志愿者根据自身特长选择性参加社区的志愿活动便可获得相应的活动积分，年底凭活动积分集中兑换社区纪念品。12 月初，社区在“新时代文明实践广场”进行了首次志愿积分兑换，此次活动获得了志愿者和居民的认可，大家纷纷称赞社区的创新型服务机制。

社区服务项目从扶贫助老、法律咨询、关爱儿童、医疗及法律咨询覆盖到居民生活的方方面面。社区志愿者们时刻践行“从一开始，永无止境”的服务承诺，为改善居民的居住环境，不断拓宽志愿服务范围，积极发挥作用。他们参与到社区的综合治理工作中。应居民需求，社区志愿者联合小区物业定期修剪小区过于茂盛的树冠及绿化带，拆除违章建筑，清理卫生死角及乱堆乱放杂物等。在志愿者们三个月的不懈努力下，居民的居住环境得到了很大的改善，社区的志愿活动也换来了居民的满意。

“上个月社区志愿者们来我们小区清理卫生及乱堆乱放的杂物，干了整整三天。以前出门就是生活垃圾、树叶满天飞，现在你看小区里一片整洁，心里感觉也明朗了。我们小区居民都很感谢这些志愿者，感谢社区，让我们拥有了一个温馨整洁的居住环境。”鑫瑞园小区的王女士高兴地夸道。社区志愿者们用点滴行动为居民带来了感动，送去了温暖，赢得了居民的赞誉，也扩大了社区的影响力，让居民有了归属感。

今后，青苑社区将继续本着为民服务的初心，不断创新工作思路，调动志愿者的积极性，发挥志愿者的无穷力量，为更多有需求的人提供更高更全面的服务，创建一个和谐暖心的青苑大家庭。

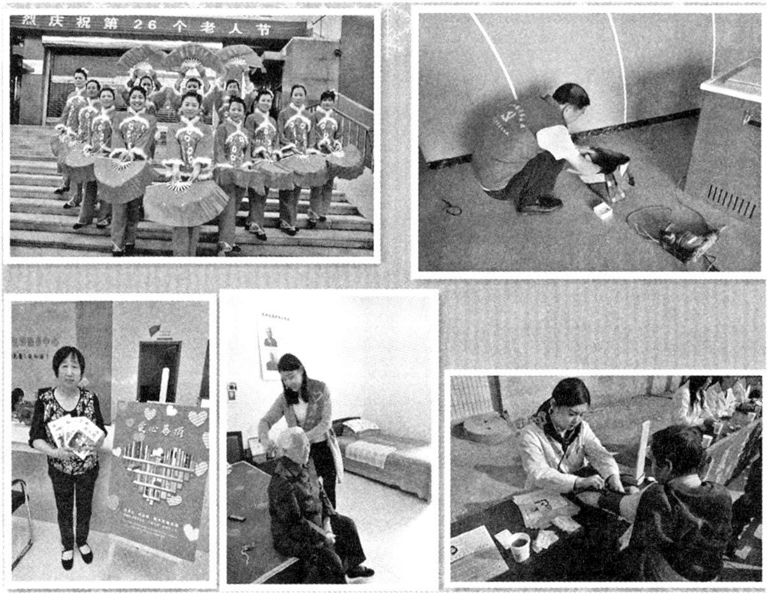

图 47　青苑社区志愿服务活动剪影（淄博市委宣传部供图）

（五）淄博：淄川区双杨镇赵瓦村

淄川区双杨镇赵瓦村，全村现有住户 1263 户，人口 4383

人，党员 113 名。近年来，赵瓦村以精神文明建设引领新农村阵地，打造出了独具特色的“十大阵地、三大创新”文明品牌，民风淳朴、班子团结、环境优美、生活幸福，乡风民风美起来，先后荣获了全国文明村、全国民主法治示范村、山东省美丽宜居村庄、山东省先进基层党组织等区级以上百余项荣誉称号。

为了推进赵瓦村民主法治建设，树立良好的家风、民风、村风，创造安居乐业的村居环境，该村自 2004 年便开始制定《村规民约》。在制定《村规民约》的过程中，他们先后经过村两委会议、党员会议、村民小组长会议、村理事大总会议、村民代表讨论、聘请法律专家逐条审议等 7 次会议，历时一个月完成。在每次两委换届完成后，村委会都会组织相关人员对《村规民约》进行补充和完善，最终形成了全村村民认可的《村规民约》。该《村规民约》分别从村风文明、社会治安、婚姻家庭、监督与处罚等 7 个方面作出了规定，成为该村德法融合、依法治村的宝典。

赵瓦村成立了道德评议会、红白理事会、村民议事会、禁毒禁赌会。“四会”成员由本村有威望的村民、党员、村民小组长、红白理事等人组成，他们通过定期召开座谈会的形式，制定了本村《红白公事章程》，净化了村风民风，形成了和谐有序的村居氛围。

在赵瓦村十大家族基础上，按每户人口统计，2004 年该村从每个姓氏中选出 2~3 名德高望重的成员担任家族理事人，全村共选出 36 名理事人。村民之间有什么纠纷、矛盾、诉求都可以通过各个家族的理事进行调解或者向上反映，由此推动了该村村务管理的科学、民主化，促进了村庄的稳定和谐。

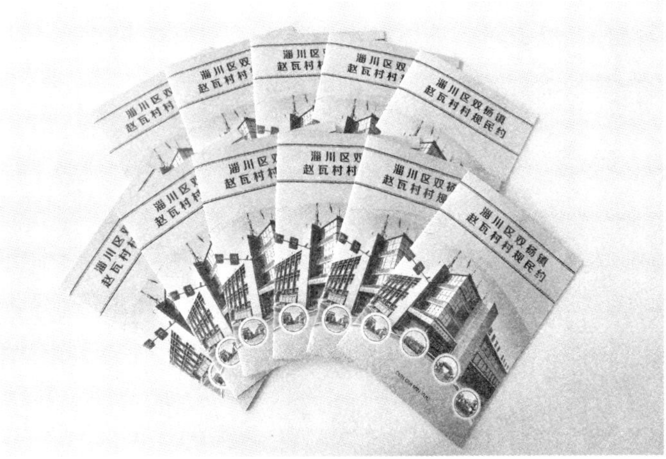

图 48　赵瓦村《村规民约》(淄博市委宣传部供图)

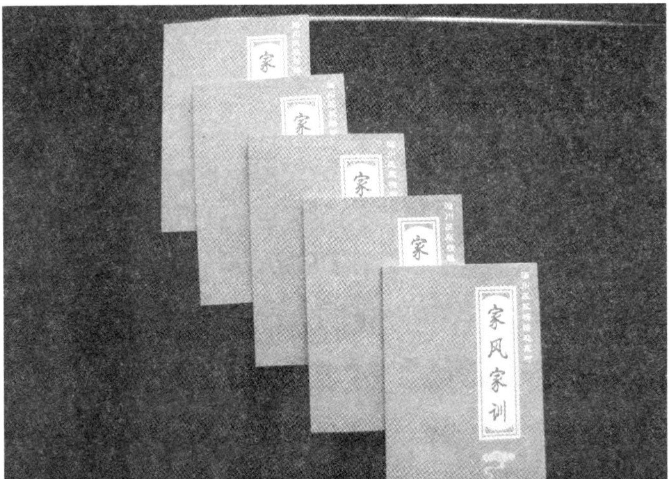

图 49　赵瓦村《家风家训》(淄博市委宣传部供图)

（六）烟台：莱州市文峰路街道田家村

莱州市文峰路街道田家村，共有 206 户，730 人，属于集体经济薄弱村。

2017 年，新的领导班子上任后，充分分析本村村情，召开大小磋商会议十余次，确立了先从精神文明建设入手，依托“党支部+合作社”壮大集体经济模式。该村打造了以老、中、青党员为骨干力量，为田家经济振兴保驾护航的三驾马车：“田家村老干部委员会”“田家村慈善义工协会”“田家村青年志愿者创业团队”。结合“党支部+合作社”壮大集体经济的先进模式，该村从此拉开了“大家一条心，共建田家村”的序幕。

2018 年 4 月，田家村成立了“老干部委员会”，并制定了《老委会工作章程和制度》。老干部委员会主要由在外工作的退休人员、前村支两委退休人员，以及村内有远见、敢说话人品好的老党员等 12 名村民组成。老干部委员会平均年龄 65 岁，旨在发挥村内长者的智慧，作为田家发展的“智囊团”，为田家村的大事件指指路，把把关。“老委会”的成立对田家的经济建设和精神文明建设起到举足轻重的作用。

2018 年 5 月，田家村通过民主推荐的方式，选出村内邻里关系好、责任心强的党员和村民成立了“田家村慈善义工协会”，制定了《慈善义工章程》《慈善义工守则》《慈善义工财务制度》，旨在引领田家精神文明建设风向标。半年来，该协会开展善款募集、助残救孤、走访困难户、清理杂草等大小活动 20 余次，共募集善款 5000 余元。

“慈善义工协会”以党员和妇女为主体。协会成立后，村内东家长西家短的“妇女新闻工作者”和站街头的“街头霸王”明显减少。现在慈善义工成员已经达到35人，村情民风得到明显改善，为经济发展打下基础。

2018年9月，经过两委磋商成立了“田家村青年志愿者创业团队”，成员由30~45岁的年轻人组成。现在创业团队已经达到49人，这部分年轻人懂网络销售，有思路有活力，旨在为村庄经济发展注入新动力、新思想、新血液，也为田家村农副产品网络销售起到开拓市场的作用。

通过“田家村老干部委员会”“田家村慈善义工协会”“田家村青年志愿者创业团队”三驾马车开展的相关活动，田家村逐步实现了乡村振兴。

（七）烟台：开发区古现街道天马社区

烟台古现街道天马社区创新自治模式，推广“全科社工”服务模式，促进了乡村振兴。

所谓“全科社工”，是全科社区工作者的简称，是指精通各种社区工作技能的社区工作者。他（她）具有一人多岗、一个专业多能的优势。一个人可以为不同需求的居民办理各种业务。想要成为一名真正的全科社工，天马社区居委会社区工作者要在劳保、计生、民政和综治等窗口进行系统化、专业化的学习；还要通过实际案例咨询不同部门，真正将业务弄懂、吃透，切实为居民解决实际困难。

为此，社区组织各业务部门骨干定期将面向群众的窗口知识进行系统整理，推出了《全科社工工作指南》，将与群众切身利益息息相关的信息进行总结提炼。居委会社工人手一份，每周组织学习，通过不定期举行业务水平测试，巩固强化每一位社工的业务能力，全力打通政务公开服务群众“最后一公里”，为建设阳光透明型政府添砖加瓦。

天马社区全科社工制度，使每一个社工从“专岗”变成了“科普全能”的多面手，居民做到了“一人能办一切”。全科社工们在走访居民时，遇到居民的询问也可以快速为居民解答，提高了为民服务的效率。

“科普社工”服务模式实施以来，打破了原来的分界线，科学整合了各部门的服务项目，有效解决了过去管理分散、自我管理、服务效率低下的问题。与此同时，“解放”出来的社区工作人员下沉到各个网格中，深化社区管理，倾听居民心声，更好地为居民提供面对面、心贴心的服务。

图 50　天马社区全科社工服务现场（烟台市委宣传部供图）

图 51　天马社区《全科社工工作指南》(烟台市委宣传部供图)

(八) 烟台：莱州市文昌路街道教育路社区

文昌路街道教育路社区始建于 1998 年，现有 7 个独立小区，9 个驻区单位，102 幢楼，4130 户居民，1.5 万人。社区党总支下设三个党支部，直管党员 178 人，双管双责报到党员 586 名。近年来，围绕文明社区创建工作，教育路社区牢记使命、认清责任、强化措施，不断创新实践了“5+7”社区工作法。

一是堡垒型社区。在市委、市政府的坚强领导下，2018 年 2 月 9 日，该社区选举产生了 9 名社区两委班子。他们在研究党总支分工时，摸清大家想干什么、能干什么，才尽其能；划分党支部时，注重老中青三结合，传帮带三到位。社区两委年年研究出台《党总支党建和组织工作规划》，将任务目标落实到人，形成齐抓共管的党建工作责任格局。他们制定了《教育路社区规章制度》，将规章制度学习纳入年度学习计划，采取自学和集中讲解的方式进行解读。在党员管理教育上，他们采取专题党课、外出观摩、党员“乐e学”、灯塔党建等形式，多管齐下，围绕社区管理经常性扯袖子、咬耳朵，追求功夫在平日，落实在经常。社区充分发挥社区大党委的作用，积极推行“多网融合”，与驻地单位开展共建，做到精细化服务。社区每季度召开会议，共同商讨社区事务。该社区积极组织“双管双责”党员到社区参加活动，并按照他们的特长编入相应党支部，便于更好地发挥作用。

二是厚德型社区。为进一步深化社区的厚德氛围，他们在社区全党大会上大张旗鼓地讲出去，在社区的显著位置大行其道地挂出去，在《社区党课》材料上大篇大幅地印出去。该社区连续12年组织评比孝德、诚德、仁德和爱德之星，大会隆重表彰，不断营造轰动效应，社区先后涌现各类典型15人。该社区先后为中宣部、山东省委、烟台市委、兄弟单位提供“四德工程”调研观摩现场182次。

三是贴心型社区。围绕让居民享受到高效贴心服务的目标，社区创新了三个结合。一是线上与线下相结合。线下业务主要由办事大厅承办，线上业务主要由公开网站承接。2015年社区整合场地资源，大大提高了办公场地的利用率，现办公面积达到近1000平方米。其中一楼设立100平方米的办事大厅，大厅设立一线对外窗口，一线窗口设有党务服务、劳动保障、民政等，为居民提供26大项157小项便民服务。二是直管与共管相结合。按照区域，社区划分为八个网格，每个网格有10~30座楼不等。每个网格共分五级，分别由党总支书记、“两委”班子成员、党支部书记、党小组长、社区党员担任各级负责人。三是自助与互助相结合。社区搭建了“一卡一平台”爱心服务体系。一卡就是邻里互助亲情联系卡，卡上印着居委会电话及每个单元所有邻居电话，发放到本单元的每家每户，方便了邻里相助。一平台就是爱心服务台，社区成立了500人的志愿者队伍，困难群众通过爱心服务台可以得到社区志愿者的帮助。社区通过这种方式，使社区居民献爱心，最大限度地为老人、儿童、下岗职工提供帮扶。这一做法曾被中央电视台《朝闻天下》栏目报道。

四是书香型社区。为营造浓厚的书香文化氛围，该社区创新运用了三个办法。一是提倡回归纸质，激发全民阅读。社区设立图书阅览室，采取统一购书、居民捐书、市图书馆租书三种方式，增加纸质读物保有量和更新度。二是开办四点半学校，解除后顾之忧。他们精心筛选社区内三位专业人才担任专职老师。节假日期间，组织孩子们进行美术、音乐等方面的集中培训。三是打造社区文化，创建和谐楼巷。他们以居住区域最密切的一个楼栋为创建单位，按照40~60户划分一个创建区域，开展“安宁楼巷”“优美楼巷”“温馨楼巷”“和谐楼巷”精神文明创建活动。该社区组织开展邻里读书比赛、共唱好歌、才艺展示、厨艺大赛等特色活动20多次。

五是奋进型社区。为营造和谐融洽、蓬勃向上的文化氛围，社区从开展特色文化活动切入，持续用心用力。他们成立了社区文化团队，宣传党的路线方针政策。社区先后自编文艺节目17个，其中快板表演《群众路线似春风》登上全市舞台，《十九大精神放光芒》在全社区的七一表彰晚会上演出，受到社区居民的好评。

为转化“两学一做”学习教育成果，引导广大党员练好“做”功，社区从2016年4月开始，创新搭建起“党员七彩港湾”，将党员为居民服务转变成一种常态化模式。

根据居民实际需求，结合党员的自身特长，该社区积极推行“项目式”服务。党员利用自己的业余时间，结合优势、兴趣，找到适合自己发挥作用的角色。一是水墨挥毫书香队。该队由社区党员王克良同志负责，组织社区内书法家和书法爱好者定期进行书法研讨、书法创作和优秀作品展示。每逢重大活动，社区居民积极参与，现场创作。每逢春节，免费为社区困难居民书写对联，送去祝福。二是巧思绘画手工队。该队由年逾八旬的张治莲老人负责，通过组织居民现场绘画、传授绘画经验，向社区居民传递正能量。在她的带领下，社区的手工队队员发展到40多人，在全市组织的剪纸大赛中分别获特等奖和一等奖。三是妙笔生花创作队。该队由退休干部綦丕伟负责，主要收集社区内好人好事，进行写作整理提炼，在社区宣传栏和《社区党课》上进行宣传报道，用身边的事教育身边的人。四是安全防范维稳队。2004年，社区成立了一支由社区退休老干部、老党员组成的看门望锁队，他们每天佩戴红袖标在社区里巡逻，为居民看门护院。他们成立了由16位离退休老党员、老干部组成的网吧监督队，不定期检查青少年上网情况，使社区网吧管理走上了绿色规范化的道路。五是低碳环保奉献队。由社区“双管双责”和直管党员组成，主动承担社区的环保监督工作，利用节假日休息时间开展捡拾白色垃圾等活动，引导居民开展各类低碳环保活动。六是助贫解困帮扶队。助贫解困帮扶队队员主动开展各类扶贫帮困活动，与社区空巢老人、孤寡老人、残疾人等结成共建关系，照顾他们的日常生活，为他们送去精神上的关怀与慰藉。七是文艺志愿服务队。该队由退休干部张慧聪同志负责，他自己写剧本、自己导演，为广大居民带去愉悦身心、喜闻乐见的节目。

自推行“5+7”工作法以来，教育路社区先后荣获“全国社区侨务工作示范单位”“山东省文明社区”“烟台市先进基层党组织”等荣誉称号。

（九）潍坊：高新区新城街道新邻里社区

新邻里社区始终坚持基层党组织的引领作用，创建了“新邻里”党建服务品牌。社区以“邻里文化节”等特色活动为载体，以“邻里情”“邻里乐”“邻里助”“邻里学”四个“邻里”为抓手，建立新型邻里守望关系，建成共建共治共享新格局。

该社区以党建引领，“社商圈”联动，撬动各类资源，为社区发展注入活力。新邻里社区地处商业繁华地段，小微企业多，流动党员多，既有谷德广场这一大型购物中心、小吃一条街，还有教育、医疗、宾馆等各类机构、工商户。社区党委根据这个特点，积极探索“建设大商圈、构筑大党建”工作模式，着力构建条块结合、开放式的工作党建网络。一是创新推行“红色管家”管理服务模式，由优秀党员、优秀志愿者、模范人物担任每栋楼的党员中心户和居民中心户。二是与合作及孵化的社会组织谷德广场、高新区人民医院、京广传媒、新邻里艺术总团等签订志愿服务协议，规定每个社会组织每年给社区提供志愿服务活动不少于20场。三是创新党员、志愿者积分兑换方式，用积分来兑换邻里学堂的相应课程。

新邻里社区坚持在每年的5—10月，以邻里文化节为依托，“走出去”为居民服务。他们联合各个社会组织在小区内举行文艺汇演、好邻居评选、亲子运动会、创意制作等贴近于民的文化活动，让更多居民参与到社区的“共建共治”中来。第三届邻里文化节共有20余个社会组织、7支志愿者队伍、1600余名居民参与，全部覆盖辖区7个小区，惠及居民8000余人。此外，新邻里社区还设立了民情漂流站，对于居民出现的不同声音，现场为居民解答办公。

新邻里社区“请进来”项目包括公益课堂和邻里学堂两个版块。一是联合各类社区组织，在社区二楼居民活动场所内举办国学、亲子阅读、茶艺等各类公益课堂。从2018年11月社区搬迁新址，两个月的时间已经举办公益课堂85节，1000多名居民参与，极大地提高了居民对社区的认可度。二是开设了邻里学堂，有声乐、舞蹈、朗诵、书法、国画等课程，让老有所乐、老有所为在新邻里社区成为现实。

作为社会治理的基础环节，社区治理直接关系到服务居民的“最后一公里”。为了更好地服务居民，新邻里社区通过引进社会组织，实现多元主体共同服务，以邻里学堂与公益课堂为土壤，为辖区居民带来了知识、文化的滋养。

新邻里社区通过引进赋海老年之家、墨林轩书法、喆舞集等21家社会组织，开展了邻里学堂。邻里学堂以老年大学为主要形式，目前开展了老年大学舞蹈班、老年大学声乐班、老年大学朗诵班、老年大学书法班等多个深受辖区老年人欢迎的老年大学课程，前来报名的居民络绎不绝。邻里学堂的开展，丰富了辖区中老年人的退休生活。居民通过参加课程，一方面可以扩充自己的知识储备，提升个人素质，开阔眼界；另一方面还能与同班同学沟通交流，认识新的朋友。

公益课堂是新邻里社区“请进来”模式中的一个部分，是与社会组织一同服务居民的另一种创新形式。新邻里社区与社会组织京广传媒一同打造的公益课堂，从居民最感兴趣、最需要的课程入手，开设了烘焙、礼仪培训、国学、亲子阅读等50多项公益课程，参与居民达800余人。

春节前后，中小学都放了寒假。放假后，如何安排孩子的假期生活成为不少家长的难题。新邻里社区秉持着想居民所想的宗旨，开展了中英文绘本阅读、国学经典阅读、趣味科学实验、生活中的科学小知识等公益课堂，吸引了大量中小学生，有效地解决了家长们的难题。

新邻里社区将继续秉承为辖区居民提供更优质服务的理念，更好地将社会组织“请进来”，创新模式，提高服务质量，打造新邻里党建新模式。

图 52 新邻里社区老年大学声乐班汇报演出
（潍坊市委宣传部供图）

（十）聊城：东昌府区新区街道御苑社区

新区街道御苑社区成立于 2014 年 11 月，位于聊城市繁华地段，辖区总面积 0.36 平方公里，现有居民 3352 户，12000 余人。社区辖 17 个居民小区，辖区内驻有新星小学、聊城市第四建筑公司等 6 家机关企事业单位，属于典型的城市社区。区内有小学 1 所、幼儿园 1 所、青少年活动中心 1 所，以及社区卫生服务站、商店、银行、社区医疗网络等配套设施，为居民提供方便快捷的文化娱乐、衣食住行等服务。

该社区健全网格架构创新服务机制。自 2015 年初，社区利用三个月的时间，健全了网格化管理的架构。网格化管理分三个层次：第一层次由社区书记任网格长；第二层次由八名专职的社区工作人员任网格员；第三层次由楼长组成。他们把社区大网格划分为小网格，每个网格配备信息员，负责做好党员管理、民生收集、政策宣传、帮扶助困等工作，实现了“组织、工作、活动、服务”四个全覆盖。对重点和特殊人群，他们能够全面及时地掌握动态信息，及时解决问题。网格化管理一方面有利于把矛盾消灭在萌芽状态，另一方面可以更加密切地对重点人员进行管理。

该社区倡导关爱老人，成立了老年人日间照料中心。该中心建设涵盖了老年康复室、老年娱乐室、老年书画室、戏迷大舞台、老年心理咨询室、老年图书室、多功能学习室以及老年休息室、老年餐厅等十几个服务场所。其中场所二楼服务面积 383 平方米，设有床位 9 张，专职管理人员 2 名，兼职志愿者 4 名。其运作方式属纯公益型，免费向辖区老年人开放，不收取任何费用。

社区关爱留守儿童，设立了“明天书愿”一角。社区与社会力量相结合，共同打造了明天书愿，共有图书 1 万余册，根据居民需求，每月对图书进行及时更新。居民可以在这里免费读书。同时，他们在这里设立了四点半课堂，每天下午放学后，由社区志愿者和新星小学老师轮流为孩子们进行课业辅导。

御苑社区在党工委的领导下，经过三年的不断提升，通过提供就业保障、开展文化活动，确保老有所依、少有所托，创新网格管理机制，营造出和谐稳定的社区环境。

图 53　御苑社区广场舞培训现场（聊城市委宣传部供图）

（十一）济宁：曲阜市书院街道宫家村

书院街道宫家村共有 330 户，约 1320 人，耕地 1075 亩，其中党员 31 人，党委委员 3 人。2018 年，该村集体经济收入 15 万元，人均纯收入约 1. 2 万元。宫家村被评为“全国模范人民调解委员会”“省级文明社区”。

近年来，书院街道宫家村积极探索以“党支部+优秀传统文化”为内涵的基层社会治理的新路径，建设“党支部领导下的乐和家园”，调动各个层面参与村级事务管理服务的积极性、主动性，着力打造公共服务、基层党建的品牌，营造独具特色的“乐和新村”，初步实现了“支部强、干群和、管理好、村貌美”的多元目标。

书院街道宫家村乐和家园是以“村党支部+优秀传统文化”

为内涵的村居建设治理模式。通过乐和家园协会开展各类日常活动。

乐和家园协会是村支部领导下的群众性公益组织。他们以加强和改进农村社会基层治理为目标，坚持村党支部领导、社会公益组织（NGO）指导，建立了以党员社工、乡绅五老、先进群众、志愿义工为网格，以乐和剧场、乐和基金、乐和微家、乐和调解、乐和节庆、乐和赛事、乐和代办“七个一”组委会为成员的队伍。他们联系发动群众，实施社会治安联防、特殊人群联管、公共秩序联搞、困难群众联帮等，营造“可见公序、可视良俗、可亲家园”，形成新时代文明乡风。

“五大员”下沉“上网”。乐和家园协会以道路、小区等为基本单位，把村居划分成六个网格状单元。按照完整性、便利性、均衡性的原则，党员、社工、乡绅五老、先进群众、志愿义工进行统配，全部下沉到网格中，使每个“五大员”都有一片“责任田”，确保社会服务管理对象无遗漏。

“七个一”覆盖到面。他们发动 NGO 志愿者队伍加入到网格服务中，进一步带动网格中有爱心的居民、负责任的企业积极参与公益活动。在满足居民个性化需求的同时，该协会成立了乐和剧场、乐和基金、乐和微家、乐和调解、乐和节庆、乐和赛事、乐和代办“七个一”组委会，定期组织开展多样的公益活动。

“精细化”服务延伸到户。“五大员”各自依托网格开展“进家门、访家情、送家暖、连家心”的主题活动，“一户一档”建立社会服务管理信息库，真正做到社会服务管理对象底数清、情况明。

“精准化”信息覆盖到人。该协会把村居、单位等人的活动空间作为服务管理的末端领域，把人的主要生活信息（工作单位、需要救助、刑释帮教等）作为依据，“一户一档”建立社会服务管理信息库。

图 54 书院街道宫家村乐和义工到农户家中走访，了解民意
（济宁市委宣传部供图）

乐和家园协会组织架构如下：协会总理事长由村党支部书记宫建兼任。一张网，就是利用农村宅基地确权信息图，以道路为纲，把村居划分成六个网格，由党员、乡贤、五老、先进群众、社会义工担任网格长，确保服务管理对象无遗漏，确保“人到格中去，事在网中办”。十个理事会，即协商议事、民事调解、守望相助、党群教育、产业发展、文化节庆、关心下一代、婚丧嫁

娶、环境卫生、治安维稳。在总理事长组织领导下，定期开展面向全体居民的丰富多样的公益活动，定期向乐和家园协会汇报工作。监事会由村支两委成员及村民理财小组组成，监督协会各项活动的开展及相关经费的使用。

乐和家园协会有效带动了宫家村的全面振兴。

图 55　书院街道宫家村乐和义工组织群众举办“邻里百家宴”
（济宁市委宣传部供图）

（十二）德州：夏津县东李镇邹庄村

2018 年初，东李镇紧紧围绕乡村振兴二十字总要求，凝心聚力勇担当，将邹庄村列为全镇乡村振兴试点村。经过一年的努力，村民房前屋后整齐了，秸秆堆放没有了，邹庄村旧貌换新颜。

该村抓乡村环境，促进生态宜居。邹庄村是东李镇百年老村，废旧老屋、断壁残垣占据了中心位置，既不利于村容村貌整理，更易滋生蚊虫，影响群众健康。为此，自 2018 年 4 月起，邹庄村便开展闲散宅基清理集中行动。他们对全村 30 处废旧宅基进行了全面清理，腾空土地 15.6 亩。在征得群众同意后，该村对清理的闲散宅基，采取“党支部+承包户+农户”的“3+”模式，由党支部统一外包，种植国槐、地瓜等，废弃宅基再利用，村集体增收，群众受益。整洁亮丽成为群众的自觉习惯，良好生态成为乡村振兴的支撑点。

该村紧抓乡村管理，促进治理有效。自 2017 年 5 月以来，邹庄村逐步探索实施村级事务质询制度。每季度三务公开后，他们都会召开全体党员、村民代表大会，党员群众对公开内容有疑问的，可以当场向村两委班子提出质疑。村级事务阳光运行，党员群众纷纷点赞。同时，邹庄村探索出一套德治、自治的邹庄管理模式：通过批评带动，群众自愿轮流在文化书屋值班，丰富群众业余生活；党员主动认领卫生责任区，保障村级环境卫生整洁。

该村紧抓乡村文化，留住美好乡愁。根据《邹庄村志》，以当代名人及邹庄祠堂文化为原型，通过还原 20 世纪 80 年代群众的生产、生活，该村打造出“乡村记忆馆”，并依托百年老屋建成了“农耕文化记忆馆”。展馆展出了农村生活老物件，还原了农耕文化风貌，展现了邹庄民俗记忆，以文化人，用让群众留恋的物件，让村民记得住乡愁。他们还加强移风易俗文明教育，完善村规民约，用制度改正不良思想和陈规陋习，红白事一律从简；用社会主义核心价值观培育新型职业农民。近几年，邹庄村新民薯业、金银花种植如火如荼，文明之风滋养了美丽乡村，朴素之美正在乡村孕育。

（十三）菏泽：单县高老家乡张武楼村

单县高老家乡张武楼村位于高老家乡的西北部。全村有 10 个村民小组，农户 776 户，总人口数 2772 人，劳动力 1452 人，全村耕地面积 3366 亩，全村共有党员 66 名。该村先后被评为优秀党支部、省级文明村，连续 3 年获得高老家乡综合考核第一名。

该村的主要做法如下：

该村建立了志愿者组织，积极参加、开展学雷锋等志愿服务，每年结合镇献血活动组织志愿者参加无偿献血，创建了星火志愿者服务队，每天对村内环境卫生进行清理。

该村设置了社会主义核心价值观展示 3 处，讲文明、树新风文化墙 10 处，持续推进移风易俗宣传，树立移风易俗宣传牌 10 余处。他们积极开展了文明家庭等评选活动，充分利用横幅、宣传窗和远程教育等阵地，积极宣传创建的目的、意义和要求，动员群众积极参与活动，农户参与率达 100%。

该村建立和完善了村规民约、村训。2018 年，通过班子会议、村民代表大会协商，修订了张武楼村规民约。该村积极开展农村风俗评议和移风易俗活动。每年他们都会开展一次“好婆婆、好媳妇”和“美丽庭院”评选活动，发放宣传资料，让村民更好地了解相关政策法规。

近年来，不断完善基础设施建设，全村实现了道路硬化、路灯照明等。结合村里自然条件，他们开展了健康家庭和美丽庭院活动，建成了全国首家生态资源银行和新时代文明实践银行，为村民营造了一个自然、优美、舒适、方便、健康、安全的舒适人居环境。在建设的同时，该村严格执行建房规划和审批制度，坚持一户一址，修旧改旧原则；老宅基地归村集体所有，在旧村改造、改善村容村貌中得到了充分利用。该村完善村庄建设规划。2003 年完成第一次村庄规划，2015 年完成第二次村庄规划。把全村规划为养生、宜居、休闲观光三大区块，以加快中心村建设，提高生活质量为目的。

村里的环境卫生状况得到进一步改善。该村完成河道清淤，积极落实河长制，开展巡河工作，确保河道干净整洁。该村于 2017 年开始实行“一把扫帚扫到底”，村庄保洁由镇城乡环卫一体化项目部负责管理，垃圾集中处理。目前该村有保洁员 8 名，河道保洁员 3 名，生活污水管理员 1 名。该村全面开展农村生活污水处理工程，埋设地下管网近 9000 米，污水处理率达到 94%。

该村加快美丽庭院建设。全民参与美丽庭院创建，利用“村晚”“芦笋采摘节”等活动广泛宣传；同时成立了一支由党员、组长、村干部组成的考核队伍，每季度开展一次检查，制定了奖罚措施，确保村庄环境整洁。

他们积极开展垃圾分类工作。2018 年 6 月，该村探索适合农村垃圾分类的有效方式，采取农户源头分类，将垃圾分为可沤垃圾和不可沤垃圾，每天将可沤垃圾运到堆放处进行沤肥返田，白色垃圾放到大垃圾桶由环卫公司集中清运。在朱庄自然村试点先行，逐户宣传发动，明确专人清运，实行“小桶每户配备、大桶定户定桶”，开展先进评比、落后督导。这种做法大大减少了村内的苍蝇蚊虫，降低了70%的垃圾清运量，提高了群众对环境卫生的满意度。2018年12月，省委书记刘家义同志到单县调研工作时，对张武楼村垃圾分类给予了充分肯定。

该村积极完善村级各项管理制度，开展三务公开，做到定时、定事、定点公开，牢牢把握民主管理，做到“五议两公开”。他们积极开展“乡村夜话”活动。村两委和驻村第一书记、镇干部不定时间、不定地点，由村两委随时召集村内党员群众，干部群众面对面交流家长里短、发展建议、政策落实，有事大家摆、大家议。县委书记曾参加“乡村夜话”活动，为乡村两级干部以及广大党员群众推动乡村振兴战略坚定信心。

该村大力扩建文体活动场所。近年来，该村先后建造了体育广场、戏台、全民健身公园、文化大院、幸福邻里中心等。建有4000多平方米的主题公园。近年来，文化大讲堂举办了培训、党课、文体活动、周末活动等近百种活动。村里每年举办4次以上大型文体活动，开展送戏下乡2次以上，成立各类文体队伍7支，每年重阳节组织村里的老年人进行象棋比赛。

该村大力推进专业合作社的发展，依托芦笋和朝天椒产业，充分利用农村资源，调整农业产业结构；家庭入股，村民管理；达到集体增收，农民增效。该村成立了孝善敬老理事会，县乡村干部带头捐赠了基金，把每月的农历十九定为张武楼孝善敬老日，组织80岁老人吃团圆饺子。该村农民收入均达到县平均水平以上，生活水平逐步提高。

（十四）枣庄：滕州市东沙河镇党村

东沙河镇党村位于东沙河镇中心位置，总人口2215人，676户，共有中共党员61名，村两委干部7人，党支部5人。近年来，该村秉持“群众就是家人、群众事就是家事”的理念优化服务，突出文明建设，狠抓民生实事，围绕幸福家园建设，切实发挥全体党员干部先锋作用，动员全体村民建设自己的文明、美丽、幸福、和谐的家园。

近年来，该村突出文明服务亮点打造，建设了“街邻服务站”综合活动场所，围绕实现便民服务职能，科学设置街邻服务站、党群活动室、警务室、妇女儿童家园、孔子学堂等12项服务活动场所。他们科学设计服务运行流程，落实轮值坐班、公示承诺、限时办结等制度，建立起支部引领、部门聚合、群众参与的农村综合服务平台。同时，该村设立了“三级五层”社会治理体系，分别建立镇、党总支、村“三级”社会治理工作中心，通过“党支部推荐、户代表推选”方式，从村级“五老”和优秀党员中选配17名街长、33名邻长，搭建了“五层”服务管理模式，为群众提供热情周到的服务，赢得群众满意。该村街长、邻长走街串巷，听民情、聚民意、纳民智，有效引导群众自觉参与卫生保洁、治安稳定、文明新风的公共事务。

该村的经验做法可以概括为移风易俗“六字诀”。

一是在措施上求“实”。东沙河镇成立了以镇党委书记为第一组长、镇长为组长、相关副科级领导为副组长的领导小组。通过村民自治落实村级主体责任，所有小组长以上干部和红白理事会成员分别签订《移风易俗工作承诺书》和《操办婚丧事宜承诺书》，真正做到以身作则。

二是行动上求“细”。该村坚持从细处着手、从小处发力，召开村民、党员代表会议，从宣传发动阶段到章程、《村规民约》修订表决阶段，每一步都严格按照程序，细致入微，确保经得起时间检验。同时，他们坚决执行时间服从质量的原则，耐心细致、不厌其烦地做群众工作，让群众知晓、配合移风易俗工作。例如在党村一百岁老人丧事中，村两委细致做群众工作，按照新规取消了大孝、喇叭、歌舞演出等相关陈规陋习，减少了不必要的支出，并将待客的标准降到每桌 280 元，总桌数降到 13 桌，比过去减少 20 多桌，节约资金近 1.2 万元。

三是宣传上求“广”。他们扎实开展“厚养薄葬立新规、喜事新办树新风”宣传教育活动。为提高宣传教育效果和广度，该镇采取了扎制移风易俗宣传车、灌制移风易俗宣传磁带、印发《“厚养薄葬立新规、喜事新办树新风”活动推进移风易俗工作倡议书》等多种宣传方式。他们在活动中注重收集、发掘、整理党员干部和村民移风易俗的先进事迹和优秀典型，从正面教育村民，使文明节俭办红白事的理念深入人心。镇政府统一印发各村制定的《移风易俗村规民约》，组织各村红白理事会成员发放到户。

四是程序上求“严”。他们严把程序关，把移风易俗工作划分为宣传发动、建立红白理事会、修订表决章程和村规民约三个阶段，每个阶段都要求包村干部全程参加，并留下影像资料。

五是督导上求“真”。东沙河镇坚持真督实查，成立了由纪委办、民政科、组织科、执法中队、办事处等部门人员组成的督导组，每月经常性、不定期入村督导巡查。目前共组织督导并下发督导通报 7 次，问责相关人员 11 人，有效推动了工作的开展。督导组公布了监督举报电话。对违规操办婚丧嫁娶事宜的村民，接到举报后，镇移风易俗领导小组办公室会组织专人进行查处。在查处过程中，发现村两委工作人员和村红白理事会没有尽到制止责任的，一经核实，取消该村和村主要负责人评先树优资格。

六是机制上求“长”。他们坚持从制度建设入手，制定出台婚丧嫁娶事前告知、事中监督、事后审核制度。村民红白事发生后，村党支部书记、主任、会计和红白理事会成员要在第一时间与当事人沟通，告知本村《村规民约》的具体规定，确定操办事宜。对不按标准操办的，各村党支部书记立即组织全体村两委干部，按照《村规民约》的规定对该户采取停水停电等措施。同时，强化部门督导责任，形成工作合力，民政科对各村上报当月发生的红白事宜及时进行抽查核实。

在枣庄市开展的两次社情民意大调查中，该镇均取得了枣庄市排名第十、滕州市排名第四的好成绩，这也是群众切身受益的真实反映。东沙河镇狠抓移风易俗工作，创新“六字诀”工作模式，迅速掀起以“抵制陈规陋习、净化乡风民风”为主题的整治热潮，在全镇范围内形成了婚事新办、丧事简办、文明理事的社会新风尚。近一年来，全镇在 40 个村 368 场红白事中推行了新规，节约资金近 400 万元，赢得了老百姓的欢迎和点赞。

图 56　东沙河镇党村移风易俗和善行义举四德榜（枣庄市委宣传部供图）

图 57　东沙河镇党村移风易俗村规民约修订大会（枣庄市委宣传部供图）

（十五）泰安：宁阳县磁窑镇彩山村

宁阳县磁窑镇彩山村有村民260户，976人，党员39人，村党支部成员3人，耕地面积1350亩，山林面积300余亩。

“相约周末”活动由磁窑镇包村干部和彩山村党支部组织开展。每个周末，该村把村党员群众组织起来，围绕“学理学法学致富、议时议事议发展”，开展周末课堂、周末影院、周末议事、周末实践、周末党务、周末公开等各具特色、丰富多彩的活动。

周末课堂，即对党员群众进行集中、专题、分类培训，聘请党的十九大精神和社会主义核心价值观、惠农政策、文化、科技、卫生、法律“六下乡”宣讲团进行宣讲和现场指导；聘请产业大户和有关专家提供教学培训。周末影院，即集中收看“宁阳远教”有线电视频道节目及爱国主义教育、思想道德教育、科技知识宣传等优秀影片；有针对性地自选一些符合彩山村实际、能推动各项工作、提高党员群众素质的课件进行收看。周末议事，即及时召开村两委办公议事会、党员代表议事会和群众代表议事会，让党员群众对本村的党建、文化、生产和群众关心关注的重大问题进行讨论，提出意见和建议。周末实践，即开展系列便民服务活动、公益活动，帮扶群众上项目，让他们把学到的技术能立即运用于实际生产，成功地产出效益。周末党务，即认真组织开展“三会一课”、党员培训、组织生活会等活动，讨论决定党建工作重要问题，评议党员和村两委工作，提高党员素质，丰富党的生活。周末公开，即向党员群众公开有关政策文件、计划总结、村两委工作动态、一周为民办事情况和账目，提出下周工作打算。

“相约周末”活动着眼于农村经济社会发展的实际，引领新潮流，以党员群众喜闻乐见的形式开展教学指导实践，充分调动了党员群众参与村务和重大问题决策的积极性，为如何潜移默化地影响农民群众的价值取向和道德观念提供了有益的启示。活动开展以来，该村积极采纳党员群众意见建议，规划建设了占地100 亩、年出栏量 1 万头的养殖小区，投资 30 万元实施了农业生态综合治理项目，推广薄皮核桃等优质林果 226 亩，投资 18 万元实施了塘坝扩容工程，全面实现了乡村振兴。

图 58 周末课堂（泰安市委宣传部供图）

图 59　周末议事（泰安市委宣传部供图）

（十六）泰安：新泰市青云街道后孤山村

后孤山村地处新泰市东北部山区，距市中心 10 公里，山清水秀，风光旖旎，植被葱郁，环境优美。该村总人口 1243 人，450 户，耕地面积 2200 亩，林果覆盖面 80%，经济作物覆盖面 20%，实现了特色农业全覆盖。该村建有新泰市汶河民俗文化博物馆、新泰市青云街道后孤山村历史文化展览馆，是泰安森林村居、泰安樱桃专业合作社、新泰革命教育基地。

后孤山村实施古村保护与开发战略，做到自然古村落与美丽田园风光深度融合，发展乡村旅游，提高群众幸福指数；深入挖掘、提炼和丰富本土文化，着力构建“民风”“民俗”“民心”三民文化齐头并进发展格局，助推乡村振兴发展。

第一，该村传承“民风文化”，助推乡村振兴新动力。他们投资新建后孤山村文化大院、文化戏台，购置文体健身器械，设立棋牌室、娱乐室、电影电视播放室、“四点半托管”志愿服务室等，完善基础设施，满足群众文化需求。村里依托新挂牌的新时代文化中心，成立了书画、舞蹈、象棋等10个文体小组，定期举办崇德向善、孝老敬亲、邻里和谐、助人为乐等主题活动，每年评选好媳妇、好妯娌、好婆婆，发布善行义举四德榜。丰富多彩的文体活动像磁铁一样，把村里的老百姓都吸引到一起，潜移默化地让他们了解社会主义核心价值观，倡树新农村新风尚。

第二，该村繁荣“民俗文化”，焕发乡村振兴新活力。他们深入挖掘“历史文化”“村寨文化”“耕读文化”深刻内涵，开展“乡贤引领乡村振兴”主题教育活动。为深化非遗文化活态传承和弘扬，他们申报市级非遗“游龙戏凤的传说”，把“游龙戏凤的传说”作为“IP”共识，突出文化旅游亮点，凸显传统文化魅力。2018年，该村主动联系新泰市博物馆，组织开展“逛荡灯”“独杆翘”“徐家拳”等全市非遗项目，进行展演活动10场次，举办文化进村、搭台唱戏、电影播放等民俗文化活动30多场次。他们对博物馆进行改造升级，以博物馆为核心，增设主题民俗四合院落，丰富博物馆藏品。几年来，该村每年接待各级各部门党员干部、中小学生以及社会各界参观者达30000余人次，目前年接待能力达10万人次。他们创建一流民宿文化集聚区，共建民宿50多家，弘扬住农家院、吃农家饭、干农家活、说农家话、做农家人等耕读文化，打造孤山特色民宿品牌，建设新型文化旅游特色村。

第三，该村实施“民心工程”，凸显乡村振兴新魅力。该村积极推进“文化+旅游”“文化+市场”等产业培育推广，利用自然优势，挖掘旅游资源，规划建设了民俗一条街、樱花小溪、禅茶小院、樱桃基地、研学乐园等，打造了四季赏花、四季摘果等乡村振兴品牌。

图 60　后孤山村汶河民俗文化博物馆（泰安市委宣传部供图）

他们拓宽村内主干道 2000 米，采用老石板铺设，完成户户通道路硬化，实施弱电入地和户户改厕工程，做好排污治理，达到旅游规范标准。该村发挥樱桃合作社作用，为村民提供统一浇水、统一施肥、统一授粉、统一管理、统一销售“五统一”服务，创新“合作社+基地+农户+文化”的规范种植模式，提升了林果产量和质量，增加了群众收益。他们培育乡村传统节日文化，丰富传统正月十五耍龙灯、三月三旋崮山庙会、六月六吃红毛山羊等地方文化品牌内涵，引导餐饮业主走特色餐饮、有机餐饮之路，形成产业化发展。

（十七）泰安：彭集街道陈流泽村

彭集街道陈流泽村现有人口 330 户，1240 人，耕地 300 亩，党员 46 名，村两委成员 5 名。多年来，陈流泽村坚持以“道德立村”为导向，倡树文明新风尚。

坚持一慰问。自 1986 年开始，陈流泽村就立足孝老爱亲这一传统美德，每年在九月九日重阳节这天，将陈流泽村 60 岁以上的老年人会聚一堂，共同庆祝这一传统节日。村集体为这些老人发放慰问金和礼物，条件允许的情况下，还会组织陈流泽大舞台演员为老人们表演节目。到 2018 年，这一活动已经坚持了 32 年。

坚持一评选。为转变乡风民风，促进社会和谐，形成人人崇德向善、家家和谐文明的良好风尚，陈流泽村自 1992 年开始，通过村民推选、小组推荐，最终党员与群众代表投票决定的方式，开展每年一度的好婆婆、好媳妇评选。后来该村陆续增加了五好家庭与文明诚信户的评选。26 年的时间，全村共评选出 600 多名好婆婆、好媳妇，200 多个五好家庭，12 户文明诚信户。

坚持一阵地。德成而上，艺成而下。秉承着这一理念，陈流泽村在20世纪70年代就组建起第一支文艺宣传队，通过自编自演文艺节目、走街串巷说学逗唱的形式教化人心。40多年的时代变迁，陈流泽文艺宣传队也由最初的十几人发展到几十人，扇子舞、快板、三句半、秧歌、腰鼓、高跷、广场舞等样样精通。他们唱出美德、舞出新风、说出诚信、共筑和谐。

春风化雨，润物无声。正是这么多年的点滴小事成就了如今的陈流泽村。2018年，村里组织修路，村民自发送茶送水，捐钱捐物；一贫困户家中唯一的劳动力去世，只剩一位80多岁的老人和两个上幼儿园的孩子，村民自发地为他们捐款捐物5000余元，料理丧事，帮他们渡过了暂时的难关。正所谓聚点滴爱心、汇无限真情、树文明新风、筑永世美德。

（十八）威海："12349"养老服务中心

在威海，不少社区居民对"12349"养老服务中心都不陌生。他们在公共服务和社会服务的精细化上不断探索，贴心满足市民的各种需求。

"12349"是一条便民服务热线，现有加盟企业3000余家，面向全市居民提供便民利民、居家养老等24大类200多小类的服务项目。环翠区政府给空巢老人提供更加完善的服务，并每月负担10元的月功能费，由12349中心给老年人配置特制老人机，话机上特设了紧急呼救功能的一键通。"12349"养老服务中心副主任张晋介绍说，居家老年人只需拨打12349说明服务需求，中心就会联系加盟企业，派发服务工单，企业遂派出服务人员上门服务。中心对服务过程进行全程跟踪，实行百分百电话回访，并以居民满意度来考核服务企业提供的服务质量。

根据精致城市建设提出的新要求，环翠区在广泛调研、多方磋商的基础上，把养老服务作为一个系统工程，开创了全新的“积分养老”模式。这一模式通过积分设计，把各项资源像“穿珠子”一样整合起来。一方面，老年人通过花积分、赚积分，达到了省钱、省心、共享福利的目的；另一方面，激发了社会各方力量参与到养老服务行业当中。截至目前，环翠区已经有 5269 名居民拿到了 12349 积分养老服务卡，享受到积分养老服务。

“好处多得很！来这里看书、听知识讲座、交水电费都给积分。积分可以当钱花、换东西，还能用来理发、理疗、查体、看电影。”积分养老服务中心的常客黄昭庆老人说着并伸出手指算起了账：每周一到周五上下午都来看书，周六看一上午，每次阅读 1 小时以上就给 5 个共享积分，一周轻轻松松拿五六十分。来这儿看三天书得的积分就能去理疗室做一次理疗。

除了来这里阅读，居民参加 12349 公益大讲堂举办的各种课程、参与社区开展的各类活动、购买异业联盟产品或服务，获得“道德模范”“威海好人”等荣誉称号也可以兑换相应的积分。

“一分就相当于一块钱，现在我就在享受积分换的服务。”黄昭庆高兴地说，“理一次发原本要十几块，现在用积分抵顶后就花 5 块。”理完发，他还打算去楼下的积分超市看看，添置点日用品。张晋介绍说，积分超市是公益性质的，目的是吸引老人参与各类活动和志愿服务，同时也让老人少花钱，得实惠。

五、因地制宜发展乡村产业，促进乡民增收致富

（一）济南：章丘区白云湖街道石珩北村蒲草编织

石珩北村位于白云湖街道办事处西侧，全村共有551户，2122人，可耕地面积2000余亩。以前石珩北村致力于发展废旧塑料经营。2011年，为响应政府根治污染、绿色发展的号召，该村主动关停废旧塑料市场，开始寻找新的发展出路。于是，淡出白云湖人民生活多年的“蒲草编织”又重新进入了大家的视野，焕发出新的生机。

20世纪90年代，勤劳的石珩北村村民就主要以芦苇编织为副业，因此村里的蒲草编织项目有着深厚的技艺传承基础。伴随着废旧塑料市场的关闭，村里产生了大量的剩余劳动力。为解决就业难题，增加群众收入，在白云湖街道党工委的指导下，石珩北村决定利用本村丰富的芦苇、蒲草资源，创新性发展壮大生态环保、绿色健康的芦苇蒲草编织项目。

白云湖荷香芦苇工艺品有限公司是石珩北村蒲草编织项目的带头企业。该公司以绿色环保为理念，以制作销售蒲苇编织工艺品和芦苇画为主，原材料全部来自湖区天然野生蒲草芦苇，生态环保、绿色健康，使白云湖独特的自然资源得到利用。公司负责人刘永峰多次赴外地学习芦苇蒲草编织工艺，认真系统学习，勤奋钻研。通过学习和继承传统工艺，他的芦苇编织工艺品如花瓶、坐垫、芦苇画等很快得到市场认可！

2016年，由街道办事处牵头，依托该公司成立了蒲苇工艺品合作社，吸收贫困户为编织工，致力于促进贫困户脱贫致富。近年来，为进一步提高村民编织技能，更好地带动大家走上致富路，在党工委、办事处的支持下，合作社带头人刘永峰专门开设蒲苇编织技能培训班，免费培训编织工人。截至目前，已成功举办两期培训班，70余人次参加培训。

一根根蒲苇在编织工人灵动的指间华丽转身，变成一件件精致的艺术品。在被人们淡忘多年后，蒲苇又重新得到了青睐，获得了新生，并成为许多人增收致富的关键，蒲苇编织的传统技艺也因此得以传承。

图61 村民正在参加蒲草编织比赛（济南市委宣传部供图）

下一步，白云湖石珩北村将致力于打开芦苇蒲草编织市场。一方面，他们将采取线下推广的方式，通过参加各类产销会、博览会进行宣传；另一方面，他们顺应电商发展大环境，打造“互联网+芦苇蒲草编织”新局面，把芦苇蒲草项目做大做强，为更多村民开拓致富增收的新途径，让群众的绿色钱袋如同这蒲草、芦苇，年年春来焕发不竭的生机。

图 62　村里的蒲草编织产品种类丰富（济南市委宣传部供图）

（二）淄博：博山区石马镇中石村桑蚕缫丝

中石村位于博山区石马镇东南方向。勤劳质朴的中石村民创造出养蚕缫丝的民间技艺，代代相传。作为区级非物质文化遗产项目，当前村民继续传承这项技艺，形成了桑树种植、桑葚采摘、桑蚕养殖、桑蚕缫丝、缫丝加工、桑果制品等一系列衍生产品和产业链。缫丝技艺在助力乡村文化振兴方面发挥了重要作用。

目前，中石村缫丝记忆传承人谢春香带领她的团队，注册了淄博锦绣丝业有限公司，集中打造了博山五阳湖农桑文化博物馆、农桑采摘基地、缫丝作坊。每年到了桑果成熟季节，大批游客慕名而来，享受采摘桑果的乐趣，同时参观博物馆，体验农桑文化的魅力。

依托桑蚕缫丝技艺，石马镇拓宽产业链条，整合镇域范围内资源，采用“公司+合作社+农户”的发展模式，进一步延展了产品种类。石马镇利用成熟桑果制作各类深加工产品，包括白厂丝、鲜蚕蛹、桑葚干、桑叶茶、各类蚕丝被等。

每年 5 月中旬至 6 月底是桑葚集中上市的时间，游客不仅可以在这里进行桑葚采摘，还可以在专业工作人员指导下深度体验传统缫丝技艺。目前，石马镇已与多家学校合作，利用周末及节假日接待学生团，让他们体验、了解农桑文化。

据统计，2017 年该村利用养蚕缫丝传统技艺衍生出来的各类产品产生直接收益达 200 余万元，辐射带动周边多个村庄 500 余户贫困家庭脱贫增收，户均增收千余元，成为脱贫致富的重要项目之一。

（三）淄博：沂源县西里镇江家峪村桃木加工

江家峪村位于西里镇驻地西南方向7公里处，全村共有145户，458人，其中党员24名，耕地面积500亩。该村村民以种植中华寿桃和“沂源红”新品种苹果为主要收入来源。

江家峪村是鲁中最大的中华寿桃生产基地，素有“中华寿桃之乡”的美誉。寿桃是当地农民的主要经济来源之一。然而寿桃储存期短，深加工产品单一，制约了农民致富步伐。在巩固原有“果”业经济的基础上，江家峪村做活“木”文章，深挖桃木文化内涵，借用桃木在中国传统习俗中的吉祥寓意，让烧火柴变艺术品，从而进一步拉长林果产业链，带动了农民增收致富。

依托全镇桃果木资源优势，通过招商引资，江家峪村成立了全县唯一一家桃果木工艺品深加工企业——沂源县杜氏木制工艺品有限公司（杜氏木艺坊）。该公司注册资本100万元，占地3000平方米，于2012年7月份正式建成投产。

公司依托全域旅游，以牛郎织女爱情文化及沂源当地深厚的历史、民俗文化为主题开发研制了系列工艺品和日用品，现已开发形成桃木工艺品、日用品、家装镶嵌件三大系列等百余个品种。产品主要销往周边区县以及济南、青岛、烟台等城市，年可深加工利用老化桃木果木等3000吨，年生产总值达500万元。该公司成立了高山桃源果木雕刻协会，并在青岛市李沧区设立桃果木工艺品研发基地一处。

通过发展桃木产业，该村村民收入水平不断提高，逐渐实现了乡村振兴。

（四）烟台：莱州市朱桥镇苗家村毛笔产业

在莱州市朱桥镇，有一个书法家都爱来的地方，那就是苗家村。这里是莱州毛笔的产地，几乎家家户户都做过毛笔。清朝康熙年间，莱州毛笔被选为贡品。新中国成立前夕，莱州毛笔畅销东北三省，在华北、西北等地区也占有重要的市场份额。

近两年，随着乡村振兴战略的实施，苗家村抓住机遇，使毛笔制作的传统手艺焕发生机。目前，朱桥镇拥有多名省级和烟台市级非物质文化传承人，所制毛笔达到800多个品种，3000多个规格，年产量近百万支。苗家传统手工毛笔制作仍是朱桥镇的支柱产业之一。

为传承发扬这一非遗产业，从2016年开始，苗家村在当地政府的指导下确立了“集中展示、分散经营、招引强企、联手发展”的总体思路。他们想方设法融合传统工艺与现代经营理念，搭建莱州毛笔对外交流和展示的平台，促进毛笔与书画、艺术、文房四宝知名企业紧密结合，从而实现莱州毛笔的全面复兴。

状元笔展示项目占地20亩，集产品、书画和制作工艺展示于一体，全面展现状元笔的起源、发展历史及生产工艺，集中展示状元笔精品和与之相关的名家书画作品。状元笔展示基地的建设搭建了莱州毛笔对外展示和交流的平台，实现了毛笔与书画的紧密结合，促进了“笔墨纸砚”文房四宝的融合发展。

状元笔展示基地建成后，为进一步提高莱州毛笔竞争力和影响力，苗家村坚持立足实际，坚持从高从严的标准，接纳零散毛笔手工作坊和手工匠人加入莱州市毛笔协会，聚集各方资源，促进地方毛笔产业更快发展。

图 63 村民正在进行毛笔制作（烟台市委宣传部供图）

图 64 展厅里陈列的各种类型的毛笔（烟台市委宣传部供图）

为了将毛笔制作手艺的传承延续下去，苗家村大力鼓动年轻人回乡创业，鼓励老手艺人保护传统工艺。通过发展毛笔产业，该村村民收入水平不断提高，逐步实现了乡村振兴。

（五）烟台：龙口市东莱街道大李家村管乐器产业

大李家村位于龙口市东莱街道凤凰山路北段两侧，总人口1230人，土地面积960亩。目前该村拥有管乐器相关生产企业30余家，并辐射带动周边乡镇管乐器产业发展达50余家，上下游从业人员上万人，年产乐器30余万把，产值10余亿元。该村生产的乐器主要销往美、韩、日、德、俄等30多个国家和地区，拥有多个知名品牌。

在龙口市文化产业大发展的当下，该村成立了管乐器协会，大力发展“文化+”“互联网+”，拥有乐器村、淘宝村的美誉，逐步发展成为全国最大的西洋管乐器生产基地之一，一个音乐文化之乡正在龙口悄然兴起。

大李家村原来只是一个拥有8个村民小组的小村庄，这里的村民主要靠种植葡萄为生，辅以苹果和粮食作物生产，日子过得并不富裕。1987年，北京管乐器厂在大李家村设立分厂。2001年，改名山东泰山管乐器制造有限公司。大李家村两委看准时机，破旧立新，在保有原来种植业的前提下，紧抓乐器产业生产不放，带领村民走上致富之路。

在村两委的大力推进下，大李家村逐步涌现出一大批管乐器生产企业，并带动周边乡镇的产业升级和发展。同时拥有“泰山乐器”一个中国驰名商标和“金鸣”“锦盛”“博奥”三个山东驰名商标。龙口管乐器在国际市场上拥有了绝对的话语权，逐步发展成为全国最大的西洋管乐器生产基地之一。大李家村民的钱袋子鼓起来了，日子越过越富裕了，龙口市管乐器产业繁荣发展起来了。

图 65　村民正在加工乐器（烟台市委宣传部供图）

（六）潍坊：寒亭区西杨家埠村风筝、年画传统工艺

寒亭区历史悠久，非遗资源丰富。西杨家埠村的潍坊风筝、杨家埠木版年画被列入国家首批非物质文化遗产代表作名录，寒亭区被命名为“中国民间文化艺术之乡”（年画、风筝）和“山东省民间文化艺术之乡”。西杨家埠村依托风筝、年画这两项非遗项目，积极开展了振兴传统工艺工作。

西杨家埠村位于寒亭区杨家埠旅游开发区。杨家埠木版年画兴于明初，盛于清代乾嘉年间，迄今已有600多年的历史。近年来，寒亭区政府高度重视非物质文化遗产代表作的保护与发展。西杨家埠村也借助风筝和年画这两项国家级非物质文化遗产，做大做强文化旅游产业，传统工艺也得到了极大发展。

风筝和年画这两项国家级项目，解决了当地村民100余人的就业问题。大观园的发展带动了整个西杨家埠村及其周边的文化旅游的发展，仅年画、风筝业户就有100余户，就业人数达3000余人。在此基础上，当地非遗企业和非遗传承人加大研发投入和力度，在传统技艺基础上研发了动态机械风筝、年画挂历、生肖布玩具、大型灯彩等新产品。其中，潍坊天成飞鸢风筝有限公司有员工100余人，年产值达2000余万元，70%的产品依托互联网销售。奥祥风筝有限公司年产值400余万元。国家级传承人杨洛书的同顺德画店年产年画80余万张，产值200余万元。杨家埠风筝、年画已经成为当地文化旅游品牌。

木版年画国家级传承人杨洛书、潍坊风筝国家级传承人张效东等传承人积极开展收徒传艺活动，全国各地的年画、风筝爱好

者慕名前来学习，当地前来学习技艺的人更是络绎不绝。目前，仅年画、风筝两个项目就有各级代表性传承人 20 余名，收徒 300 余名，年画和风筝技艺得到了很好的传承和发扬。在这些非遗传承人带动下，寒亭区民俗文化旅游产品市场不断发展，吸纳当地就业人数不断增长。目前，从业人员达到 3000 余人，产值达到 2 亿余元，取得了良好的社会和经济效益，传统工艺也得到了极大振兴。

作为潍水文化生态保护区非遗综合性传习中心，天成飞鸢风筝有限公司常年免费开办风筝、布玩具、灯彩扎制培训班，招收贫困村居民和下岗工人、妇女等参加培训。培训完成后，一部分在企业工作，一部分在自己家里制作，由企业放活、回收，不但增加了他们的收入，还不耽误家务活，取得了良好的经济和社会效益。2018 年，公司培训人员达到 160 余人次，为妇女和贫困人群增加收入达 300 余万元。

图 66　西杨家埠村村民正在绘制风筝（潍坊市委宣传部供图）

图 67 国家 AAAA 级旅游景区——杨家埠民间艺术大观园
（潍坊市委宣传部供图）

（七）潍坊：高密市夏庄镇东李村红纸春联

山东省高密市东李村是一个红纸对联印制专业村。该村春联生产历史悠久，大约起源于明末清初，渐以刷红纸、印对联闻名全国。

该村有 200 多户人家，其中从事刷红纸、印春联的就有 150 多户。他们的红纸产品畅销全国各地，各大文化用品批发市场皆可见到东李村红纸的踪影。全村每年能刷 7000 吨红纸，其中 5000 吨发往全国各地销售，其余 2000 吨印成对联后再对外出售。村民一年四季忙碌不停，每年春节来临时，前来购买春联的商家络绎不绝。该村被誉为“江北红纸第一村”和“华夏对联红纸第一生产基地”。东李村这项手艺被列入潍坊市级非物质文化遗产名录，该村先后被中国楹联学会命名为楹联产业基地和楹联文化村。

走进东李村，放眼望去，满眼是红红火火的红纸，到处挂着印满祝福的春联，透着一股过年般的喜庆祥和气氛。春联印刷以户为单位，手工印刷，土法制成。一户就是一个印刷作坊，规模不大，就三四个人。从春联的选词、制版、印刷、切割、进料、生产、销售，形成一整套完整的流程。他们农忙时下地干活，农闲印刷春联，为村民摸索出了一条勤劳致富的路径。

他们把设计好的春联刻在模子上，然后两人一组手工印制，这种方法叫丝网印刷。他们在长期的印刷过程中，把使用的印刷纸张经过涂红等特殊工序处理，创造出一种叫“全年红”的纸张。它经久耐用，不褪色，不怕风吹、日晒、雨淋，一年四季都能保持鲜亮的红色。

近来，他们又研究出加工烫金福字等 50 多个品种、200 多个规格，投放市场后以其色泽鲜艳、质优价廉而深受广大用户的青睐。如今的东李村，不但春联产量日益增长，而且带来了滚雪球效应。南方的春联把这里作为扩大市场的跳板，各种风格的春联在这里相互交融，比翼齐飞，使当地成为华东地区规模最大的红纸春联集散地，形成了买全国、卖全国的经营模式，给大江南北的人们营造了火红的节日气氛。

图 68 村民正在印制春联（潍坊市委宣传部供图）

（八）潍坊：寿光市侯镇草碾村草编产业

草碾村位于侯镇南部，共有 500 多户，1700 人，党员 54 名，耕地 2500 亩。草编是草碾村一项历史悠久的传统工艺。近几年，在村党支部的带领下，草编文化及草编产业均得到了长足发展。2018 年，该村草编产品出口额达到 700 多万元。

合作社依托本村三个草编大户，链接并带动本村和周边 30 多个村庄的草编生产户，从业人员达到 3000 人。2017 年、2018 年，合作社曾携带草编产品到广州广交会参展，为打开草编销路和打响知名度奠定了基础。该村的草编实行实体销售与网上销售相结合的销售模式。合作社投资 20 多万元建设了草编产品展厅，设计制作了草编工艺宣传片，配备展台、草编精品等展示设施。

2014 年，他们开始探索网上销售模式，并在淘宝等电商平台上设立了销售专区。

图 69 村民正在加工制作草编（潍坊市委宣传部供图）

图 70 侯镇草编产品（潍坊市委宣传部供图）

合作社成立后，在村党支部的领导下，草碾村的草编业实现了统一品牌、统一包装、统一销售，以合作社的名义与国内商家直接挂钩。2018 年，全村从事草编生产的农户收入增加 1 万元以上。

（九）济宁：任城区长沟镇赵王堂村铁编

赵王堂村位于济宁市任城区长沟镇，全村共 516 户，耕地面积 1200 余亩。其中，有农业人口 1865 人，个体工商户 111 户，人均纯收入 11126 元。

赵王堂铁编已有 300 年的历史。该村生产的铁编产品小到农用的铁笊篱、鸡笼、鸟笼，大到高速公路护网、矿山顶棚等，有 40 多个品种，产品销往全国各地及 10 多个国家和地区。

长沟镇扶贫办与赵王堂村一起，探索出“互联网+农户”的脱贫路。他们积极与山东兴鑫金属制品有限公司联系，把在互联网上接到的订单交给困难户加工，加工好的成品公司回收，通过互联网销售后，付给农户加工费。一年一个家庭能收入 1 万多元。

靠这一模式，赵王堂村的 12 户困难家庭成功脱贫。目前，长沟镇已把这一脱贫模式在赵王堂周边的护驾李、康庙、张山等 8 个村推广，带动 20 户困难家庭从事铁编加工，让他们走上了脱贫致富路。

图 71 赵王堂村村民加工铁编场景（济宁市委宣传部供图）

（十）济宁：邹城市中心店镇东傅村现代农业

中心店镇东傅村位于 104 国道和镇三八路交汇处。全村共有 600 户，2500 人。该村在乡村振兴过程中大力发扬“忠党爱民、公道正派、实干争先、产业富民”的东傅精神，依托产业、地缘优势，创新思路谋发展，破解难题求突破，争先创优当示范，村庄发展和集体经济都取得了长足的进步。

一是围绕草莓产业，构建现代农业体系，打造林果产业特色村。该村瞄准市场空缺，大力发展草莓种植，已有近 20 年的草莓种植经验。近年来，该村持续扩大种植规模、提升林果品质。目前全村已发展草莓种植 3000 余亩，建成温室大棚 860 余个，果品年产量 6000 吨，草莓种植人员达到 1200 人。“富东牌”无公害草莓远销北京、天津、江苏、河北等地，农民人均增收3000多元。该村打破村域界限，跨村流转南营500亩土地，建设了“福美来葡萄种植基地”，实现林果多元化发展。村里高标准建设果蔬温室40个、玻璃温室4个、标准化葡萄种植基地300亩、生态停车场1500平方米、接待中心600平方米、硬化园区道路5000米。同时，他们还制定了有机草莓、葡萄生产技术操作规程、质量控制措施。依托葡萄种植，他们建设了农家乐、停车场，形成了集观光、采摘、生态休闲、销售等于一体的休闲基地，解决了180余位农民的就业问题，年销售果蔬600余吨。

二是围绕产城一体，壮大服务产业方阵，打造产城融合样板村。该村不断探索产业多元化发展道路，开辟了将近300亩地作为新建汽车城专用地，鲁南汽车城现已入驻4S店30家以及2S、3S店15家，经营48个品牌200多个车型。2018年销售收入近20亿元，提供就业岗位1500多个，辐射带动就业3000余人。村民实现了家门口就业，真正过上了小康生活。在此基础上，该村新引进了3家保险公司、1家汽车检测线公司及协调落户交通事故快速处理中心，实现了汽车销售、保养、维修、保险、检验检测、事故处理等一条龙式服务。该村依托汽贸城，招引邮储银行、百货大楼、餐饮等金融服务企业入驻，建设产业聚集圈的同时，为村民增加了就业机会。同时，该村持续规范周边经营秩序，完善餐饮配套设施，建设了汽贸城美食街，优化园区服务环境的同时打开了就业市场；建设二手车市场，畅通人流、车流、物流，繁荣汽贸市场，助力招引企业入驻；积极对接就业培训部门，针对需求举办汽车销售维修、餐饮服务、月嫂护理等培训班，为创业就业提供机会、创造条件。

图 72　鲁南汽车城全景（济宁市委宣传部供图）

图 73　东傅村村口的草莓雕塑（济宁市委宣传部供图）

东傅村以富东大社区为载体，草莓种植基地、汽车贸易城为产业支撑的发展模式，成为小城镇建设产城一体、融合发展的成功范例。

（十一）德州：乐陵市乐陵农民画

德州乐陵农民画已有上百年的历史。到目前，全市有朱集镇八里庄村等 10 个村组建了农民画创作室，有 300 多名农民及贫困户加入绘画行列，创作农民画 3000 多幅。通过参加北京宋庄展销会、文化产品交易会等文化活动，卖出农民画作品 800 余幅，提高了农民及贫困户的参与积极性，增加了农民的收入。

朱集镇从群众需求出发，不断发展壮大乐陵农民画产业。一是成立了中国画枣村，提供了交流学习平台。朱集镇大力挖掘枣文化资源，在 30 万亩枣林游览区中心的八里庄村建起了中国画枣村，邀请北京、天津等多地的画家前来写生、创作、交流、培训。八里庄现已成为“山东省美术家协会写生创作基地”“清华美院枣林写生创作基地”，为绘画艺术人才的培养、绘画产业的发展提供了良好平台。二是从培训入手，促进农民画队伍建设。2018 年，大孙乡、丁坞镇、杨安镇等乡镇邀请在京乐陵籍乡贤巩振生、朱鸿祥、徐茂林等知名专家亲自授课，先后举办乐陵市乡村文化辅导员（农民画）培训班三期，培训学员 400 余人次，协调推进全省文化人才董兰星、罗洪军、李砚 3 名同志深入到乡村服务群众，培训书画爱好者 800 余人次。三是以展览为平台，促进农民画创作水平提升。2018 年 4 月 27 日，组织胡家街道孟家农民画专业合作社参加第十三届中国（义乌）文化产品交易会，展览反映枣乡农民生产生活的 52 幅精品，引起了社会各界广泛关注。

2017 年 7 月，乐陵市文联成立了枣乡农民画协会，全市 16 个乡镇、街道分别设立农民画培训中心和农民画创作中心，每个镇、街道抓 2~3 个农民画重点村。截至 2018 年 12 月底，已有 7 个乡镇（街道）10 个村成立了农民画工作室，3 个乡镇（街道）成立了农民画专业合作社，共有 300 多名农民绘画爱好者加入农民画绘画行列，从业人员达 5000 余人。

（十二）德州：陵城区赵屯村柳编产业

赵屯村位于滋镇西南方向 3.5 公里处，西临小王庄林场，东临滋镇三泗河村，南临刘鸭子庄，北邻神滋路。全村 285 户，1014 人，耕地 4380 亩。村民收入主要来源是农业种植、柳编加工。

赵屯村种植杞柳已有 300 年之久，从事柳编加工也有百年的历史。该村柳编产品以簸箕、柳筐等生活用品为主。这些柳编产品因为取材天然、价格便宜而受到市场的青睐，但是附加值低，效益不高，使得从事这一行业的人越来越少，村内从事柳编的大多数是 60 岁以上的老人。

为了将柳编这一传统手工艺发扬光大，进一步增加群众收入，2017 年赵屯村两委班子在党委、政府的号召下，先后到临沂莒南县、临沭县以及济宁市鱼台县参观学习，考察新型编织技术。经过新一轮发动，村内从事柳编的那些老人重拾旧业，并且带动了许多年轻人加入柳编队伍。村里特意从临沂聘请了专业技术人员对他们进行指导，并购买了扒皮、开条等机械。

为了形成产业链条，村两委先在集体土地上种植了30亩柳条，第一年亩产柳条达3000斤，收入达2000元；第二年柳条种植面积达200余亩。目前，该村从事柳编加工人员30余人，年均增收8000余元。该村柳编产品也由简单的筐、篮等产品扩展到纳物类、宠物窝类、花盆类、花篮类、洗衣篓类等150多个品种，产品主要销往美国、俄罗斯、意大利等国家和国内一线城市，深受广大消费者喜爱。赵屯村生产的柳编产品因取材天然、时尚环保、融实用性与艺术性于一体而被广泛应用于家居装饰、酒店、超市、礼品包装以及时尚生活中。

目前，柳编这一传统手工艺已经在全镇推广，从业人员达到300余人，种植柳条面积达1000余亩。2017年，赵屯村柳编基地被省妇联命名为“省级大姐工坊”、区级“扶贫车间”。滋镇柳编被申报为德州市非物质文化遗产。该村生产的柳编产品先后参加了2018年上海华交会、广州进出口博览会、山东省旅游产品博览会，受到参会者的一致好评。

（十三）菏泽：曹县大集镇丁楼村演出服制作

菏泽市曹县大集镇丁楼村位于镇政府南2公里处，辖两个自然村即丁楼、梁庄，现有村民329户，1236人，耕地面积1440余亩。丁楼村现有党员25名，网上党员16名，预备党员2名，两委成员7人，支部3人。丁楼村于2013—2018年连续六年被阿里巴巴评为“中国淘宝村”，2016年被评为菏泽先进基层党组织、省级特色旅游村、省级文明村。

丁楼村具有20多年的加工、销售演出服的优良传统。近几年来，电子商务已成为本村经济发展的重要支柱。2017年，全村演出服销售额达4.5亿余元。目前，丁楼村329户人家中有300多户开有淘宝网店，占比达93%以上。全村共有表演服饰有限公司86家，个体加工户86家，为丁楼村提供就业岗位3000多个。

经过这几年的发展，丁楼村的电商已经形成了一定的规模，而且带动了周边的几十个村和周边乡镇乃至周边几个县的电商发展。村支部按要求定期召开支部委员会、支部党员大会，上好党课，严格落实“三会一课”制度，从支委班子开始，把“三会一课”和“两学一做”结合起来；把理论学习和发展农村电商结合起来，以学风带动工作作风，为入党积极分子服务，为村内的发展服务。

下一步，丁楼村将以发展电子商务为抓手，以发展电商龙头企业和特色产业为重点，生产经营方式由原来传统的小农户分散经营模式为主逐渐向规范化、产业化、管理化、社会化服务转变。让丁楼村的电商产业成为乡村振兴的基石，使该村的演出服饰在中国以及国际市场占有一席之地。

（十四）菏泽：东明县渔沃办事处曹庄村农产品加工

为响应乡村文化振兴的号召，渔沃办事处曹庄村成立了康顿庄园生态农业示范园。康顿庄园位于山东省东明县渔沃办事处曹庄村西400米路南，占地1000亩。该庄园由山东梅香汀兰生态农业有限公司投资建设，计划总投资1.2亿元，由山东农业大学提供技术服务，以发展南果北种和生态农产品为重点，着力打造集循环农业、生态农业、观光农业为一体，一、二、三产业融合发展的现代新型农业综合体。

庄园农产品加工渐入佳境。该村建设了现代化粉条加工厂，预计可年产粉条70余万斤，产值1050万元；利用火龙果花，开发研制火龙果茶等，注册了“齐鲁康顿”商标。目前该公司已在曹庄周边几个村建设火龙果栽培示范点7个，面积200余亩，可年新增产值3000万元，利润200万元。

该村企业发展亮点纷呈。在火龙果引种驯化、栽培成功后，该村于2018年下半年与山东农业大学合作开展芒果、荔枝、枇杷、莲雾、杨桃、西番莲、百香果、柑橘、柚子、柠檬等各种热带水果的高效技术研究和示范推广项目。该项目占地160亩，预计投资700万元，建造一个连栋温室。

该村还准备建设民俗博物馆、民俗房、农家乐，拉长产业链条，计划利用三年时间把康顿庄园打造成特色水果采摘基地、科普教育基地、农业技术培训基地、扶贫就业基地、返乡创业孵化基地，将现代农业与“互联网+”结合在一起，带动就业100余人，解决贫困人口就业30余人。2018年11月，该项目获得山东省扶贫龙头企业称号。

下一步，该村将以“万绿康顿、生态农业、休闲农业”为品牌，将园区建设成一个立体循环的集种植、养殖、示范、教育、科研、体验观光休闲娱乐为一体的田园综合体，把企业建成区域性标杆企业，结合特色民俗和乡土文化等资源，将文化与旅游、农业、工业有机结合起来，将人们的精神需求与物质需求联系起来，培育乡村文化旅游新业态，精心打造多元文化综合体。

（十五）枣庄：薛城区沙沟镇庞庄村草编

庞庄村隶属于枣庄市薛城区沙沟镇，位于该镇政府驻地东偏北方向，郯薛路南。庞庄草编是庞庄村村民利用废弃作物秸秆（小麦、高粱等）加工编织成墩子、篮子、筐子等各种型号编织品的传统技艺，距今已有100余年的历史。

该村的草编产品主要用于存放煎饼、馒头、烧饼等食物，经久耐用、清洁环保，属纯绿色产品，受到广大消费者的普遍欢迎。目前，庞庄草编已发展专业户70余家，解决了200余人的就业问题，每年每户可编织200套，每户可增加年收入3000余元。该村草编产品主要销往附近17个地市，东到兰陵，西到欢城，南到徐州，北到曲阜，形成了纵贯南北、连接东西的销售网络。

庞庄草编传承人庞维真已过耄耋之年，他很希望儿子能把这门手艺传承下去。他的二儿子庞玉安和六儿子庞玉云自幼跟随他学习手编手艺。他们弟兄俩在手编加工的技巧上进行了改进和创新，主要有筐、笼、锅盖、“气死猫”、饨子五大类，细分为35种。

通过发展草编产业，庞庄村村民收入水平不断提高，逐步实现了乡村振兴。

图 74 庞庄村民正在编制草编（枣庄市委宣传部供图）

（十六）枣庄：滕州市洪绪镇杜场村木匠工艺

杜场村位于洪绪镇西南部，秀美荆河南岸，全村共 89 户，360 人，耕地面积 367 亩。

近年来，该村深入挖掘文化底蕴，推动乡村振兴。杜场村自立村以来就有从事木匠工艺的传统，曾获得新中国成立前“滕县八大家”工匠头的美誉。20 世纪 90 年代初，该村发展起废旧门窗收购加工产业，鼎盛时全村有 40 余户从事废旧门窗的回收、加工、转销，业务范围覆盖周边 10 余个县市区。21 世纪以来，杜场村木匠人紧随城市化进程，抱团成立了 5 家建筑、安装、门业等企业。

为了展现匠人风采，传承工匠精神，杜场村规划建设了工匠馆。该场馆占地 320 平方米，展厅面积 200 平方米，展厅分为木匠厅、铁匠馆、石匠馆、精品馆，展现了 10 余种匠人行业，场馆通过雕塑、实物及图片形式，展示工匠发展进程，大力传承工匠精神，弘扬匠人文化。

该村坚持走“工商业兴村、规模经营活村”的强村富民道路。第一，该村大力发展木工衍生产业。针对本村群众眼界开阔、思想活跃的实际，该村引导村民发展门业制造、废旧门窗收购加工等木工衍生产业，全村实现家家有产业、户户有收入。第二，该村大力推动土地规模经营。该村成立了 2 家土地股份合作社，引入了 2 户种植大户，实现了对全村 400 亩耕地的整建制规模经营。同时，他们联合其他村实施了村企联手共建、联村异地置业项目，村集体经济收入达到 10.6 万元，农民人均纯收入达到 1.8 万元。

图 75　杜场村工匠馆（枣庄市委宣传部供图）

（十七）泰安：岱岳区夏张镇剪纸

夏张镇位于巍巍泰山脚下，滔滔汶水之北，坐落于鲁中地区，是泰城的西南门户。

夏张艺术剪纸有着悠久的历史。当年宋真宗途经夏张封禅泰山时，当地官府为恭迎圣驾，营造和谐喜庆热烈的氛围，便组织各家各户赶作剪纸，张贴在门窗之上，御道两侧的商铺也都将剪纸悬挂在庭前门外。整个御道呈现出红红火火、吉祥喜庆的气氛。宋真宗途经时看到此景，感慨之至，脱口而出：大宋江山果真是国泰民安啊！从此，每逢重大活动、节庆、婚嫁、祝寿等喜庆节日，各家各户便做剪纸悬挂张贴，以示庆贺。

夏张剪纸是泰安市岱岳区夏张镇的特色文化产业。为了弘扬剪纸文化艺术，2004 年夏张镇党委、政府专门成立旅游办公室，配备专业人员和设备，大力发展剪纸产业。2005 年以来，夏张镇在上王庄、河洼、关王庙等重点民俗村举办了多次剪纸培训班，培养剪纸文化能手 200 余人，形成骨干力量 50 人，辐射带动其他村参与发展剪纸业人员 2000 余人。2015 年该镇成立了山东西御道旅游开发有限公司，投资 600 万元。

夏张镇民间艺术剪纸曾多次在省级和国家级民间艺术展览中获奖，闻名遐迩，畅销海内外，充分展示了泰山民间文化艺术的博大精深。夏张艺术剪纸品牌现在已经得到广大客户和领导认可，深受客户的喜爱和支持。

在剪纸效益的带动下，剪纸专业村受益匪浅，老百姓把自家的手艺活做得更精到、传神。在他们的努力下，夏张镇多次荣获泰山文化产品设计大赛金奖，荣获黄河杯产品设计银奖，泰山石敢当作品系列荣获中国国际旅游商品大赛银奖等各类奖项数不胜数。

图 76　夏张镇剪纸培训现场（泰安市委宣传部供图）

图 77　夏张镇剪纸艺术展（泰安市委宣传部供图）

（十八）日照：东港区陈疃镇日照农民画

自2017年以来，日照文化惠民消费季活动已连续举办两届，得到社会各界的广泛关注和欢迎。整个活动不仅丰富了广大市民群众的精神文化生活，激发了广大市民群众的文化旅游消费潜力，更极大促进了日照文化和旅游产业的发展。据统计，截至目前，在第三届文化惠民消费季活动中，日照农民画已领取省、市、县各级文化惠民消费券共67000余元，完成订单2207个，实现销售额43万余元，极大带动了日照农民画产业的发展。

2019年9月11日上午，由东港区文化和旅游局主办、陈疃镇人民政府承办的日照农民画培训班陈疃站启动仪式在1971研学营地举行。日照市文化和旅游局党组成员、副局长赵庆江，东港区文化和旅游局党组成员、副局长焦志娟，陈疃镇党委副书记王高峰，中国美术家协会会员、国家二级美术师郑会军，日照农民画市级代表性传承人厉名雪参加活动。

活动现场，30多名村民在老师的指导下耐心学习。厉名雪对前来学习的村民说："学习咱日照的农民画，一定要先构思，用铅笔在纸上画出来你的想法。"厉名雪细心地传授着自己的创作经验，跟村民分享心得。前来学习的村民受益匪浅，许多人虽然是第一次接触，但是产生了浓厚的学习兴趣。

日照农民画作为日照三宝之一，有其独特的艺术价值，在艺术文化领域独树一帜。这次培训班是日照农民画培训推广项目在东港的第一站，打开了日照农民画传承的新模式，为更多人创造了就业的机会。举办此次活动旨在进一步传承日照农民画，探索农民画助推农民脱贫致富之路，让村民多学一样技能，增加一份收入。

（十九）滨州：博兴县城东街道顾家村老粗布

城东街道顾家村位于博兴县城东街道办事处，全村共有417户，1423人，其中党员48人。该村是传统的老粗布产业村，村民以老粗布生产经营为主要经济收入来源。作为一门传统的手工织布工艺，老粗布家纺在当地已具有十分成熟的工艺和深厚的文化底蕴。近年来，顾家村大胆改革，坚持以挖掘和保护老粗布传统工艺为重点，以加快现代设计理念与传统手工织造有机结合为主线，以提升产业发展水平和综合经济实力为目标，通过大力发展电子商务推动了老粗布产业转型升级和可持续发展。

顾家村经营老粗布的历史悠久，原来在村东自发形成了市场。但随着市场的发展，环境问题、管理问题随之产生，制约了老粗布产业的发展。为解决这些影响发展的难题，顾家村委拓展思路，推动改革，探索出一条符合本村实际的发展模式。2012年，顾家村委规划建设了现在的老粗布市场。该市场以两层建筑为主，呈现“前店后厂”的生产经营模式。同时该村对老市场进行搬迁，将零散的商户统一整合到市场，进行规范化服务与管理。目前，市场上有220户商户，省内外已设立500多家连锁店，带动和辐射了5万多名员工。形成了产品设计、织造、缝纫、包装和销售的链条，年销售额达到数亿元。在充分继承传统老粗布产业优点的基础上，顾家老粗布市场不断寻求创新，结合现代工艺和时尚需求，研发出服饰类30多个款式，床品类50多个款式，工艺品类 30 多个品种，家居用品类 30 多种。

近年来，随着电子商务的兴起，产业园的经营也实现了实体店经营和电子商务销售相结合、线上与线下销售互补的模式，实现了从传统的面对面的赶集式交易到不出家门就能实现的网络交易模式的转变，提高了市场效率。目前，80%的业户开设了自己的网店或网站，2013 年该村被阿里巴巴定名为“中国淘宝村”。2016 年，村里投资 70 余万元打造了粗布电商服务中心。电商服务中心的成立对老粗布产品的推介、电商人才孵化、市场业户服务等方面起到了至关重要的作用。

为了扶持产业发展，进一步壮大老粗布产业规模，健全老粗布市场管理机构，该村先后成立了市场党支部、博兴县老粗布协会和老粗布市场联合工会、商会，实行规范管理和无偿服务。

顾家村通过互联网将传统产业与电子商务的有机结合，进一步壮大老粗布产业发展，实现了老粗布有品牌、销售网络化的目标。顾家村通过带领老粗布协会、商会、联合工会等制定行业标准，规范产业发展。通过电子商务的引领，顾家村培育壮大了一批老粗布龙头企业，打响了博兴老粗布民俗文化品牌。同时，该村将老粗布市场与文化、旅游、创业等各方面结合，增加群众收入，带领村民脱贫致富。截至 2017 年，老粗布从业人员年均收入超过 10 万元。通过积极改革，老粗布产业已实现从由小到大、由弱到强、由土到洋的转变，成为带动区域群众致富的重要力量。

（二十）滨州：博兴县锦秋街道湾头村草柳编

博兴县锦秋街道湾头村依托“互联网+电商+农户”的新型农村经济体系，推动广大农民投身网络创业，使传统的草柳编文化产业通过一根网线，插上了腾飞的翅膀，走向世界，有效带动了辖区农民致富增收，推动农村电子商务得到长足发展。

湾头村位于博兴城区以南 1.5 公里，现有耕地 2700 亩，1870 户，4939 人。该村北依小清河，南邻麻大湖，湖区内盛产苇草、蒲草，为湾头村发展草柳编提供了得天独厚的自然资源。早在明代，湾头村的草柳编织就在国内外享有盛誉。经过 800 多年的发展和传承，该村的柳编和草编分别被列入国家和省级非物质文化遗产代表作名录。2004 年，随着远程教育的推广，部分群众（党员）开始熟悉电脑和网络，试着在淘宝网上开店，并尝到电子商务的甜头。从此，越来越多的人入“网”触“电”。然而，农村电子商务资金短缺、同质化竞争严重、专业人才短缺等问题逐渐显现。

为破解农村电商发展瓶颈，湾头村在街道的支持和帮助下，推行“红色淘宝”新模式。锦秋街道在湾头村成立了电商行业党支部，下设草柳编织党小组、红色淘宝联盟党小组、仓储物流党小组，形成“支部+编织+电商+物流”的经营模式，打破壁垒，提高效益。锦秋街道组织吸纳优秀网商党员、入党积极分子，建立红色淘宝联盟，成立了草柳编电子商务技能培训学校。他们按照需求开设电脑技术、电商知识、法律知识等课程，并开办了基础班和精英班，为网商提供一站式培训服务。同时，他们用“大美锦秋”微信公众号、红色淘宝联盟微信群、QQ群等新媒体即时推送电商信息；打造网商实践平台，组建专业电子商务营销团队，为村民提供仓储配送、电商客服等服务；采取“支部+电商户+贫困户”的模式，把贫困户纳入纺织、物流、电子商务行业，让行业模范家庭与贫困户结成帮扶对，帮助群众脱贫致富。

为扩大影响力，博兴县投资5亿元在锦秋街道湾头村建设了中国草柳编文化创意产业园，配套建设园区党群服务中心，成立党总支，锦秋街道党工委副书记任总支书记。党总支成立以来，探索创新“1+3+N”工作模式：打造1个红色淘宝联盟党建服务品牌，壮大草柳编、电商、仓储物流3个产业，提供夯基础、育人才、提效率、破难题、补短板等N项服务。产业园建成后，成功承办了第三届全国淘宝村联盟大会、山东省农村电子商务应用推广培训班、山东省草柳编技艺大赛、中国博兴编织工艺品博览会等重大展会赛事，并先后接待云南、辽宁等省考察团100多批次。2018年，中国草柳编文化创意产业园园区党群服务中心被评为市“五星级党群服务中心”。

目前，湾头村共有淘宝网注册网店2000余家，其中有7家年销售过千万元，直接从业人员突破1万人，间接带动周边从业人员6000人。草柳编产品涉及30大类1500多个花色品种，产品远销国内各省市及美国、日本等40多个国家和地区。传统草柳编产业与现代电子商务平台对接形成的产业链条，催生并促进了原料种植、原料供应、手工编织、物流、包装制造等行业发展。

湾头村通过电子商务现代销售平台，扩展了传统产业辐射面，制造出更多的就业空间，提高了村民收入和就业创业成功率，推进了城市化进程。该村有效吸引了年轻的外出务工人员返乡创业，就近就业，促进了当地经济社会发展，解决了农村“空巢”现象带来的老年人养老和子女教育等问题。草柳编同时还带动了第三产业的发展，促进了区域产业结构升级，并与麻大湖国家湿地公园形成呼应，带动锦秋街道第三产业的健康有序发展，对满足辖区群众多样化、多层次、多方面的精神文化需求起到了积极推动作用，有效促进了湾头村经济更加协调发展。村民幸福感和获得感不断提升。

（二十一）滨州：惠民县石庙镇柳编工艺

石庙镇柳编工艺始自明朝洪武年间，距今已有600多年的历史。其发源地为惠民县石庙镇柳编彭村。该村村名柳编彭即缘于家家搞柳编。其柳编工艺经过多年的传播，已经辐射到以山东省滨州市的惠民县为中心的乐陵、商河、济阳、临邑等地。柳编工艺品既有较高的实用价值，又有较强的欣赏价值，且经久耐用，深受百姓欢迎。

石庙镇党委政府自“非遗助力脱贫、推动乡村振兴”工作开展以来，根据柳编工艺的特点，积极筹划，主动帮助其传承。

一是关注柳编工艺的人文精神。从生产制作的角度来说，柳编蕴含着柳编匠人的心血，其精湛绝伦的技艺、巧夺天工的构思，处处展示着柳编工艺的人文精神。为传承他们的人文精神，石庙镇多次组织群众、学生到柳编彭村学习即将失传的柳编工艺，听柳编传承人讲述相关历史。二是注重研培工作。石庙镇积极开展传统工艺培训工作，鼓励和引导群众参与柳编制品的生产制作。同时，面向该镇贫困村开展定向培训，将贫困户家庭作为重点推荐研培对象，带动他们就业致富。三是电商带动，促进销售。目前，柳编彭村所辖的石庙镇中心社区已设立了电子商务办公室和一次可供 70 人学习的培训会议室及配备学习电脑的服务中心。邻村刘家堡的村级电商服务中心也已基本筹建完成。柳编产品将作为重点产品在电商平台上进行展示和销售，由电商服务中心进行统一管理，打通销售渠道，增加群众收入，助力贫困户脱贫致富。

（二十二）临沂：沂南县岸堤镇朱家林村田园综合体

临沂市沂南县岸堤镇朱家林村三面环山，西邻高湖水库。几年前，村民靠山吃山，年轻人大多外出打工。2016 年初，这里还是一个衰落的小村庄。那时村子里的房子大多已经没人住，老院子里杂草丛生，有些房子由于长时间缺乏维护已经坍塌。如今，朱家林村院落清洁整齐，老屋茶馆、乡村生活美学馆、规划展览馆、青年旅社沿着青石板铺成的小路依次排开，不是亲身来过这里，怎么也想不到三年来的变化如此之大。小山村变身旅游村，外出务工的年轻人纷纷返乡创业，当起了老板。

许多农户开起民宿，收入增加了近十倍。朱家林村发展旅游接待带来的实惠，村民秦林清一家深有体会。2016 年，秦林清一家只能靠着三亩地维持基本温饱，全家年收入不到一万元。随着旅游的发展，秦林清在家开起民宿，现在年收入近十万元，在外打工的孩子也回来帮助他打理生意，他们家的日子越过越红火。

村内的三家民宿和四家农家乐基本由当地村民自主经营。这些民宿大多为沂蒙建筑特色的院子，由石匠用最传统的砌石手艺打造而成，院落宽敞明亮，户外桌椅可进行小型烧烤。农家乐提供现烙的煎饼、地锅鸡、烤全羊、香椿芽炒鸡蛋、沂蒙全蝎等菜品，都是地道的沂南美食。

2016年7月，朱家林着手建设田园综合体项目。经过三年多的时间，朱家林村已经从一个贫困的小村庄发展成为国家级农村综合建设试点村，村民的生活环境和生活水平大大提高。

朱家林村以“保护生态、培育产业、善用环境、共建共享”为理念，突出特色，利用环境整合生产、生活、生态。朱家林村将在保持其生态背景和乡村地形的同时，建设优质特色农产品供应基地、青年家园和休闲旅游目的地。

现在的朱家林村每年吸引游客近十万人次。以前走出去的年轻人回乡创业的越来越多了。村里的贫困户从2016年的60户减少到30户，只要是有劳动能力的村民，在村里就能就业。朱家林村村委会成员田西文表示：“我们要用自己勤劳的双手去创造财富，利用好田园综合体为我们带来的平台，打造自己的手工艺品牌，融入沂蒙红色旅游。”

（二十三）临沂：莒南县石雕石刻

莒南县现有石雕石刻企业104家，从业人员5600余人。

2019 年 1~6 月，全县石雕石刻产业实现产值 12040 万元，利税 1186 万元。莒南县石雕石材产业的产品种类主要有石雕、石材、路岩石、台阶石、毛石、条石、板材、红石材、紫砂石等。其中，紫砂石为岭泉镇的特产，红石材只有十字路镇加工生产。莒南石雕产品销售分布极广，全国各地以及欧盟、新加坡、美国、日本、阿联酋等均有销售。

2018 年石雕石刻产业办公室成立以来，积极指导、协助当地党委政府推动这一产业的发展，制定了一系列的优惠政策，优化投资环境，全县的石雕石刻产业得到了进一步的发展。在各乡镇政府的支持下，各企业相互联合，成立了石雕石刻产业协会，制定了章程，成立了领导机构，规范了组织制度。另外，莒南县积极培植骨干龙头企业，对全县规模较大的重点企业实行挂牌保护、重点扶持，以大企业带动产业，形成了以勇进石材、鑫发石材等为龙头的产业集群。

莒南县还加大招商引资力度，采取亲情招商、以商招商策略，积极促进与外地客商的投资合作。勇进石材与北京万通集团合作，做大做强产业。坊前镇引进了鑫发石材有限公司，增加投资 1000 余万元，建成 1400 平方米的加工车间，新上大型龙门吊等设备。岭泉镇今年招商引进临沂客商张哲硕投资建设莒南县泰磊石材有限公司。文疃镇的石材城建设目前已开工。

（二十四）威海：文登区大水泊镇河东乔家村花饽饽

胶东花饽饽是胶东地区独特的传统民间食品。花饽饽广泛应用于当地民众祈祷和纪念节日，以及婚礼和葬礼等仪式场合。

2009 年，文登胶东花饽饽民俗被列入山东省非遗名录。热气腾腾的文登胶东花饽饽是文登农村，尤其是沿海农村妇女的傍身技艺。正因为如此，随着花饽饽产业的不断成长壮大，这项文化遗产更是成为脱贫致富的“香饽饽”。

“咱农村妇女哪个不会蒸饽饽？可真没想到蒸饽饽也能挣钱！”2018 年 10 月 27 日，在威海市文登区大水泊镇河东乔家村，村民乔秀莲高兴地说。她们在家门口上班，一天 70 元，算下来一年也有 2 万多元的收入。农家妇女成了“饽饽工人”，改变乔秀莲们生活的是当日村里成立的威海妈妈味文化创意中心。

河东乔家村有 116 户，346 人，村集体没有收入来源，是一个有 41 名贫困人口的省级扶贫村。为了拔除该村的“贫困根源”，相关单位提供了援助。威海市委宣传部结合村里妇女都会蒸做胶东花饽饽这一实际，多方协调，引进资金 34 万元，对村里闲置的房屋进行维修，引进了威海大地食品有限公司的“胶东小镇”花饽饽生产项目。威海妈妈味文化创意中心共投入 90 万元，集生产加工、花饽饽民俗馆、配套冷库设施于一体，从事花饽饽的研发、创新、传承与发展。“饽饽做得越大，村里就越受益。”河东乔家村村委会主任乔学明说，“中心开张后，除了能够为村民带来就业岗位外，村集体每年还有 1 万元的厂房租金收入。”

2019 年 7 月，文登区花饽饽协会正式成立。据协会会长林淑萍介绍，现在文登花饽饽产业已经形成了以威海大地食品有限公司、威海金麦兜食品有限公司等为龙头的企业、业户 77 家，年产值 8000 万以上，年可带动农村妇女 2000 多人增收致富。

（二十五）青岛：即墨区移风店镇大欧村鸟笼

大欧村位于即墨区移风店镇西南部，全村共有 458 户，1509 人。该村以鸟笼制作加工闻名于世，是目前江北最大的鸟笼加工专业村。大欧鸟笼制作技艺于 2009 年被列入第二批省级非物质文化遗产名录。大欧村于 2015 年被列入山东省第一批“乡村记忆”工程文化遗产名单。

据《即墨县志》记载，大欧鸟笼制作始于明代，距今已有 500 多年的历史。明朝初年，大欧村主要生产胭脂笼，鸟笼制作是当地农户经济收入的主要来源。明代末年，大欧鸟笼的生产已初具规模。清朝顺治年间，大欧鸟笼制作进入鼎盛时期，大欧村已有人前往北京开设店铺，专做鸟笼生意。大欧鸟笼被京城的王孙贵族、八旗子弟争相抢购，大欧鸟笼从此名声大振。在当地曾有“张院的簸箕，毛子埠的升，大欧的鸟笼进了京”的顺口溜。

经过 500 余年的代代传承，如今大欧鸟笼制作技艺日益精湛，各种型号、各种规格、各类样式的鸟笼不断推出。除常见的画眉笼、百灵笼、八哥笼外，近几年大欧村还先后推出了绣眼笼、靛颏笼、麻花笼、天坛笼等，赢得了消费者及业内人员的高度评价。2003 年，大欧鸟笼获山东省民间手工制作金奖；2007 年，在青岛市委宣传部、青岛市妇联组织的“迎奥运巾帼大赛”中获金奖。

为将鸟笼传统工艺发扬光大，大欧村先后成立了 6 家鸟笼专业合作社。在研究掌握鸟笼制作核心技艺的同时，合作社侧重于对村庄年轻人的传、帮、带，先后培养了吴希同、李福林、李福山等 20 余名技术骨干，这些人现已成为大欧村鸟笼制作的中坚力量。目前，全村超过四分之三的农户从事鸟笼加工，年产鸟笼 50 万余套，是名副其实的鸟笼加工专业村。

在政府积极倡导下，2016 年大欧村成立电商服务站，为村民提供产品展示、网上代购代销等服务。如今开展电商业务的业户已有 50 余户。为不断扩大市场，适应顾客差异化需求，各家网店不仅出售成品鸟笼，还出售各种鸟笼配件、鸟笼半成品，供养鸟发烧友们自己组装。目前，大欧村电商年营业额过千万元，其产品不仅销售到北京、天津、上海、广州、南昌、西安、沈阳等全国 30 多个大中城市，还远销美国、法国、日本、新加坡等国家。2015—2018 年，大欧村连续四年被评为中国淘宝村。

大欧村结合美丽乡村建设，充分发挥大欧鸟笼民俗民艺特色，统筹策划、统一包装设计，实施系统的景观与建筑美化工程，以“鸟语竹韵”为主题，打造了中国唯一一个以鸟笼为乡愁特色的民俗民艺文化旅游村。为了传承鸟笼文化，该村投资 150 余万元打造了大欧乡村记忆馆。大欧乡村记忆馆总面积 513 平方米，分上下两层，共三个展区，收藏实物 500 余件，充分展现了大欧鸟笼辉煌的发展历程和精湛的制作技艺。同时，作为电商服务平台的辅助，电商经营户都可以到乡村记忆馆拍摄取景，宣传销售鸟笼，从而带动村民致富。

六、创造性开展相关节庆活动，促进乡村振兴

（一）济南：钢城区辛庄街道辛庄村兰花节

近年来，济南市钢城区辛庄街道辛庄村按照“特色农业强镇、花卉苗木兴镇”的发展理念，全面提升花卉苗木产业对全镇经济社会发展的带动力和影响力。辛庄村相继发展花卉苗木种植面积 1.2 万亩，发展秦菊等中草药种植面积 150 亩，建设高档花卉温室 3 万平方米，新开辟占地 2000 多亩的景观松产业园。辛庄镇多年来举办“兰花节”等节庆活动，吸引了大批游客前来游玩，持续带动农民增收，强力推进乡村全面振兴，使得极具辛庄特色的农业经济焕发出新的活力。

作为乡镇驻地村，大辛庄村抓住“生态辛庄”的发展机遇，从 2010 年开始连续举办了六届兰花展，2018 年又成功举办了第一届“奇石、花卉、盆景”博览会。这些展览会以展示、交流、观摩、合作、发展为宗旨，以花为媒，展示了辛庄风貌；以花会友，以花招商，已经成为集花卉展览、花卉鉴赏和花卉交流为一体的综合盛会。多年来，这里逐渐吸引了北京、江苏、浙江、四川、云南等十几个省市的 16000 多位展商，共展示了成千上万个品种的精品花卉。辛庄逐渐成为我国北方最大的兰花交易基地和鲁中重要的花卉集散地。

自 2009 年以来，辛庄先后引进 50 多个大型花木项目，有经营大户 580 户，形成瑞冠花木、汇彩月季等 15 个龙头花木项目。

该村种植花卉苗木1.2万多亩，2000多万株，建设高档花卉温室6万平方米，完成各项建设投资2.68亿元，从业人员2500多名。

兰花节、“奇石、花卉、盆景”博览会等节庆活动有效增加了村民收入，促进了辛庄乡村振兴。

（二）济南：济阳区回河街道吴寨村牡丹节

吴寨村位于山东省济南市济阳区回河街道，正安路南头，占地面积2300亩，其中耕地1480亩，林地230亩，全村178户，671人。

2017年吴寨村成立了济阳区首家油用牡丹种植专业合作社，在原吴寨旧址流转100亩土地发展油用牡丹种植。村集体入股200股，26户村民以土地入股240股，合作社每年每亩向村民支付土地流转费1000元，合作社另有分红。村集体主动作为，流转了220亩土地发展蔬菜大棚种植，在30亩土地上建造了四个高标准冬暖蔬菜温室，主要种植西红柿、莴苣等蔬菜。将其余土地承包，通过发展旅游采摘、观光等提高收益。

油用牡丹和蔬菜种植后，最重要的事情就是通过宣传吸引游客。吴寨村积极与上级旅游主管部门沟通联系，加大宣传和推介力度，吸引了周边县区很多游客前来赏花、采摘。同时，吴寨村获得回河街道的大力支持，于2018年4月21日至5月16日成功举办了回河街道第二届“文化济阳　魅力回河”文化旅游节暨吴寨首届牡丹节。文化旅游节精心设置了开幕式、摄影大赛、骑行大赛、筝情相约、儿童绘画大赛、牡丹盆景展销、扶贫产品展销等九项活动。近1个月的时间，吴寨村吸引了济南市周边游客5万余人。吴寨村乡村旅游在全区甚至全市都打出了名号。

2018年，吴寨油用牡丹种植专业合作社纯收入37800元，给股民分红11000元，解决了32名留守妇女劳动力就业问题。村集体经营性收入13.8万元。村集体有钱后，吴寨村两委没有忘记群众，在征求全村群众意见后，拿出11200元给贫困户购买棉衣、油、面等生活用品，为村里80岁以上老人购置近5800元的羽绒服，让村民共同享受幸福生活。

据党支部书记赵吉庆介绍，2019年合作社将充分利用540亩复耕土地，建设花卉温室大棚，种植油菜花、芍药，建设农家乐和民宿，预计收入近70万元，将观光农业和乡村旅游进行到底，带领全村群众奔致富大路。

图78 回河街道第二届“文化济阳魅力回河”
文化旅游节暨吴寨首届牡丹节（济南市委宣传部供图）

（三）济南：济阳区曲堤镇王元气村乡村旅游节

济阳区曲堤镇王元气村曾经是“省定贫困村”。该村距济南市区 80 公里，有着 20 多年的蔬菜种植历史，目前建有蔬菜大棚 108 个。近年来，王元气村利用上级扶贫资金开展产业扶贫，完善王元气全村基础设施，并牵手合作社和旅游公司，大力发展乡村旅游，走出了一条“扶贫+农业+乡村游”的产业发展路线。村集体收入从 5 万元增长到 50 万元，王元气村 13 户贫困户全部超标准实现脱贫。蔬菜专业合作社从负债累累到实现营业收入 100 万元，村集体产值从 500 万元增长到 800 万元，人均收入从不足万元增长到 1.2 万元，村民生活安居乐业，精神面貌大幅提升。

王元气村以乡村旅游节为抓手，通过文艺表演、采摘新鲜的有机产品、品尝农家饭菜，让游客体验传统农耕文化。王元气村委会联合中国重汽老年大学联合策划举办了乡村旅游节，通过蔬菜采摘、池塘垂钓、盆栽移植、农田耕种，让游客品味农家乐趣。通过签订村企战略合作协议，使王元气村由主要依靠政府帮扶转向主动参与市场竞争，依靠市场化手段开展诚信合作，发展集体经济。

王元气村通过着力打造乡村旅游新产业，嫁接“曲堤”牌黄瓜等扶贫产品，从采摘、农家乐到民宿，建立起完整的生态旅游项目，为村民致富探索出一条新路子。王元气村绿色蔬菜种植基地的定位已经明确。

通过举办乡村旅游节，发展生态旅游，王元气村村民的收入不断增加，有效促进了该村的乡村振兴。

图 79 王元气村生态旅游节现场（济南市委宣传部供图）

（四）济南：钢城区汶源街道霞峰村桃花节

霞峰村位于“中国蜜桃之乡”汶源街道以东 6 公里处，三面环山，一条小河从村中穿过。霞峰村因置于群山怀抱之中，再加上每每早晨曙光初照，朝霞满天，映红了村子周围的山峰而得名。霞峰村全村 1037 口人，耕地面积 858 亩，山场面积 1000 亩，以盛产黄金蜜桃和大蟠桃而闻名。

为进一步打造桃花旅游文化节品牌，展示汶源街道山水、人文、风情，该村以花为媒，每年 4 月上旬举办桃花节，构建汶源春季赏花游精品线路体系，延伸乡村旅游旺季时段，开展冠世桃花源景区市场推广，促进汶源街道乡村旅游、全域旅游健康持续发展。

桃花旅游文化节集观光、摄影和休闲为一体，通过农业与旅游业的融合，促进了乡村的振兴。在霞峰村源中园，满山遍野的桃花层层叠叠把整座山渲染成了一幅春色旖旎的水彩画，美不胜收。

自2004年至今，一年一度的桃花旅游文化节已成功举办15届，吸引了大量游客到此观赏，促进了霞峰村村民致富。

（五）淄博：沂源县东里镇福禄坪村黄金桃文化节

东里镇福禄坪村位于东里镇东部。福禄坪村自2016年起开始举办黄金桃文化节，至今已经连续举办了3届。这3年间，福禄坪村积极探索“市场+合作社+基地+农户”的水果产业发展模式。同时，该村通过持续成功举办特色节会活动，吸引了游客，极大地促进了东里镇乡村旅游的发展。

文化节期间，全镇24个村的桃农都会选送自已精心种植的优质“金黄金”桃参与“桃王争霸赛”和优质桃评选。旅游文化节助推桃价由5元/斤上涨至10元/斤。

村党支部书记郝姬发介绍说，“金黄金”桃核心生产区已经全面形成。乡镇政府借助土地开发整治东风，建成三个大型现代农业园区，升级苹果、桃、葡萄标准园3200亩，推广“黄金”桃，开发新区2000亩，建设10亩“金黄金”桃苗木繁育基地。

福禄坪村以“金黄金”为主的系列鲜食黄桃为吸睛点，借力凤驿小镇旅游圈，打造休闲旅游观光农业，建设采摘园、观光园、体验园、认养园，让旅游者能够接触地气、体验农活、学习知识，年长者回味务农的乐趣，年轻人感受大自然的馈赠，孩子们呼吸泥土的芬芳，收获来自大地的给养，而收获最大的是当地果农。

东里镇正以黄桃节为引擎，大力发掘文化资源，为黄桃产业腾飞打造助推器。借助黄桃节的举办，村民收入水平不断提高。

（六）烟台：莱阳市吕格庄镇刘海寺村杏花节

2018 年首届“刘海寺杏花节”成功举办，不仅成功打造了莱阳市首个“互联网+农旅一体化示范项目”，同时使得村庄实现增收。

刘海寺村积极探索“党支部+合作社+樱桃产业+文化旅游”等发展模式。村两委积极加强对外宣传，招商引资，对内发挥党员带头作用，加强基础设施建设，“杏花村”应运而生。在“刘海寺杏花节”的打造中，“原生态”是最核心的词汇。村里并没有大兴土木，而是保留了原始的黄土地，只是将杂草全部进行清理，村头的停车位也是简单地用石粒铺平。村舍房屋也都保留了最原始的状态，都是古朴的砖瓦房，红色的屋顶掩映在杏花海中，别有风味。

首届杏花节，该村吸引游客 3 万余人，为村民带来不菲的经济收入。

刘海寺在保留了最古朴的样貌的同时又搭上了最潮流的快车——互联网。一方面，村民利用微信等网络平台，对刘海寺村的历史、文化、村貌进行全方位宣传。另一方面，刘海寺村策划组织摄影比赛，使得周边县市优秀的摄影家纷纷齐聚刘海寺村，用镜头记录下村内美景。经过不断的转载，再次扩大网络影响力，使得越来越多的游客了解到这个杏花缤纷的村落。同时，依托农村电子商务，对村内的杏子等土特产进行深度包装，提高农特产品附加值，助力农村经济跨越式发展。

图 80　刘海寺村杏花开满园（烟台市委宣传部供图）

图 81　刘海寺杏花节表演现场（烟台市委宣传部供图）

现在的刘海寺，徜徉在原生态与新潮流之间，重新焕发出了蓬勃的生命力。如今刘海寺村已经成为胶东的“杏花第一村”，是莱阳乃至烟台、青岛周围一处赏杏花的好去处。

（七）烟台：莱阳市照旺庄镇西陶漳村莱阳梨文化节

西陶漳村共有460户，1800人，耕地面积2000亩，其中蔬菜用地1600亩，果园1100亩。

近年来，该村依托梨资源优势，积极转变发展思路，提出了“以乡村旅游业带动大发展”的理念，大力发展乡村特色经济。西陶漳村先后荣获“全国农业旅游示范点”“烟台市一村一品示范村”“烟台市旅游采摘示范园”和“AAA国家级旅游景区”等荣誉称号。

依托果蔬、人文等资源优势，西陶漳村大力发展村庄旅游业。村庄累计投资2000多万元，高标准打造了婚庆广场、农事园等20余处景点，改善了村居环境，丰富了旅游内容，成为一个精品旅游村庄。

为丰富旅游文化内容，村庄协助市镇两级政府成功举办了莱阳梨文化节，自行举办了西陶漳首届莱阳梨旅游文化节。该村还先后开展了《盛世放歌唱响山东走进梨乡风情旅游》大型文艺演出、“西陶漳”杯歌曲大奖赛、西陶漳梨乡风情黄金周旅游等多种活动。在莱阳梨文化节期间，作为主办方，西陶漳成功举办了精品梨园评选、梨状元评比、螳螂拳表演等大型活动，累计接待游客团队500余批、300余万人次，村民收入水平大幅提升。

图 82 西陶漳村梨花节现场（烟台市委宣传部供图）

图 83 西陶漳村梨园景观（烟台市委宣传部供图）

（八）烟台：经济技术开发区初旺、芦洋渔灯节

“渔灯节”最早是从我国传统的正月十五闹花灯习俗派生出来的。正月十五，沿海渔村要送灯到渔港渔船上，称为“送渔

灯”。渔民祈盼一帆风顺，海神护佑。后来的“渔灯节”一般是在正月十三和十四举行。

烟台经济技术开发区初旺和芦洋两个大型渔村至今仍保留着这项习俗。当地的渔灯节已经有500多年的历史了。2008年，胶东渔灯节被列入第二批国家级非物质文化遗产名录。2011年，山东省文化厅授予胶东渔灯节“山东省著名文化品牌”称号；2015年，中国民协授予烟台经济技术开发区“中国渔灯文化之乡”称号，并在初旺渔灯节上举行了盛大的称号颁发仪式。

一年一度的渔灯节，以前是各村单过，村民自发参与，规模不大。近年来，渔灯节的举办方式和规模都发生了显著的变化。街道和村居两级领导机构充分发挥行政领导和经济扶助作用，重点起草、制定组织策划方案，协调配置各方面资源，在尊重和弘扬传统节日民俗的基础上，促进节庆活动既热烈隆重，又安全健康。如近年的初旺渔灯节，在街道、村两委的共同支持下，专门为节日制作了“千只渔灯长廊”和“万旗飘红”等特色节日装饰景观，并在村文化中心礼堂举办多场渔灯节文艺联欢晚会。街道则组织多个村居秧歌队前去举办汇演活动，极大地活跃了节日气氛。

举办芦洋渔灯节时，芦洋村两委与市区旅游部门密切合作，将旅游部门每年举办的“好客山东贺年会”与芦洋渔灯节及本村的“渔家乐”旅游活动结合在一起，为此每年举办一届渔灯文化节开幕式和祭海大典，使渔灯节越办越红火。2018年农历正月十四的芦洋渔灯节，除了常规举办渔灯文化节开幕式和祭海大典外，新建成的芦洋渔灯文化展馆同时举行了开馆仪式。区文化馆还受邀在展馆外举办了“渔灯节摄影展”，节日内容丰富、形式多样，吸引了省内外众多媒体和数万游客。

渔灯节为初旺和芦洋两个村庄带来了大量的游客，有效促进了该地区的乡村振兴。

图 84 芦洋第二十九届渔灯文化节（烟台市委宣传部供图）

（九）潍坊：坊子区黄旗堡街道逄王一村采摘节

逄王一村地处美丽富饶的潍汶两河冲积平原，全村 220 户，746 人，耕地面积 960 亩。30 多年来，该村干部群众一直致力于西红柿产业发展，是潍坊市市级文明村。

2017 年以来，该村在上级财政部门的帮助支持下，投资 200 万元完善西红柿园区基础和配套服务设施建设，完成了产品“三品一标”认证，注册了“逄王一品”有机西红柿品牌，新建了现代农业观光示范大棚，西红柿产业的发展初步走向了转型升级的路子。“逄王一品”有机西红柿的影响力逐步扩大。2018 年，全村人均纯收入达到 2 万余元，仅西红柿一项实现销售收入 1560 万元。村集体经济从负债发展到年集体收入近 30 万元。

为了让“逄王一品”西红柿的牌子树起来，该村举办了西红柿采摘节。2018 年 3 月，该村遵循经济搭台、文化唱戏的理念，组织举办了第二届西红柿采摘节，举行了文艺汇演、西红柿大王评选等系列活动。山东电视台、潍坊电视台、潍坊日报社、潍坊市文化馆、高新传媒等单位持续不断加大宣传，进一步扩大了品牌影响力。

图 85　逄王一村西红柿蔬菜大棚（潍坊市委宣传部供图）

2018 年采摘节期间，该村共计接待省内游客约 32000 人次，

"逄王一品"西红柿被山东省电视台评为最佳伴手礼。通过举办采摘节，该村村民的收入水平不断提高。今后，逄王一村将继续以乡村振兴为契机，抓住机遇，加快发展，把"逄王一品"特色产业做大做强。

图 86 满载而归的采摘游客（潍坊市委宣传部供图）

（十）潍坊：高新区新城街道新邻里社区"邻里文化节"

2015 年 4 月，潍坊市高新区新城街道新邻里社区第一届"邻里文化节"在赋海仁居小区盛大举行。到 2019 年，新邻里社区"邻里文化节"已成功举办 5 届。

新邻里社区成立于 2015 年，这是一个以年轻群体为主的新型社区。大多数社区居民下了班就回家，邻里之间缺乏接触和交流，存在疏离感和陌生感。作为"80 后"的社区书记于聪察觉到了这一点。为了改变现状，她和社区的工作人员开始了一条漫长的探索之路。

从 2016 年起始，于书记每周不定期带领工作人员到小区为社区居民发放《新城社区报》，了解民情民意，讲解社区服务信息，聆听邻里故事。由于于书记一直的坚持，社区居民开始慢慢关注社区里的人和事，参与社区活动，不再限制在自家的“小格子”里。

2017 年年初，因为微信逐渐开始被大家所接受，于书记尝试建社区微信群和微信公众号，新邻里社区居民主动扫码，关注公众号。大家一起参与活动，共同的话题多了，邻里间的感情也愈发浓厚。

（十一）聊城：湖西街道姜堤村樱花节

湖西街道姜堤村位于聊城市南郊、徒骇河畔，位置优越，交通便利。姜堤村现有 226 人，其中党员 16 人，村两委成员 3 人。姜堤村创办的姜堤乐园先后被评为“AAA 国家级旅游景区”“首批全国农业旅游示范点”“好客山东最美村镇”等。

姜堤村是山东省一产变三产的典型代表，他们把 300 亩果园变成了乐园，实现了从农业到旅游业的蜕变。目前，姜堤乐园主要有樱花园、依绿园、水上石林、云中漫步玻璃天桥四大核心景点，以及儿童乐园、采摘园、趣桥世界、乡村记忆农耕文化体验馆等景点。

图 87 姜堤村的樱花（聊城市委宣传部供图）

每年 4 月中旬，姜堤村举办“中国江北水城（聊城）国际樱花节”，此时园内有红、白、粉、绿四大色系的樱花二十多个品种，三千余株，竞相绽放，绚烂美丽，日接待游客可达 2 万人次。樱花节期间，村里还会举行“樱花仙子”旅游形象大使选拔赛，以及丰富的非物质文化遗产体验活动。每年 5 月，村里举办汉服大会，届时身着汉服来参加活动的游客免费入园游览。活动期间，村里会组织古典舞蹈、诗朗诵、国学诵读、汉服走秀、沙书表演等丰富多彩的节目，大力弘扬中华传统优秀文化。每年姜堤村还会在 7 月举办盛夏狂欢泼水节，在 10 月举办菊花展等活动。节日期间，同时举办摄影大赛、诗词大赛等活动。

目前，姜堤村已成为一处生态环境良好、适宜居住的远近闻名的村庄。樱花节、泼水节等节庆活动的开展有效带动了村民致富，促进了乡村振兴。

（十二）聊城：牛角店镇黄起元村草莓文化节

2017年以来，聊城市东阿县牛角店镇黄起元村将扎实做好乡村振兴“十百千”示范村创建工作作为全村头等大事来抓，通过举办草莓文化节、发展休闲旅游等活动增加了村民收入，改变了村容村貌。

图88 黄起元村草莓采摘园入口（聊城市委宣传部供图）

通过综合分析和科学规划，黄起元村确定了通过草莓种植来带动村民致富的发展方向。村两委研究确定了草莓采摘基地的发展特点、发展模式和盈利模式。在此基础上，他们将独特的农业和休闲旅游结合起来，将单一农业观光延伸到农耕体验、科普教育、亲子休闲、农场餐饮、休闲度假等方面。

目前，黄起元草莓采摘基地已经发展壮大到1500亩，其中草莓大棚200余个，葡萄大棚100余个。全村有120余户、500余人从事合作社种植产业，帮助35户贫困户脱贫。

2019年元旦，该村成功举办了第二届草莓文化节，吸引游客5万余人次，进一步提升了黄起元草莓的知名度，极大地推动了该村休闲农业旅游产业的发展。

（十三）德州：陵城区金庄村龙虾美食旅游节

陵城区经济开发区金庄村位于经济开发区管委会驻地西南8公里，东靠京沪高铁、石济高铁，西临丁东水库，南接后王村，北临丁东路。全村人口357人，耕地596亩。金庄村通过“两区同建”工作，于2013年拆迁旧村，建设了面积14000平方米的安置楼和3000平方米的文体广场，全村109户居民搬进了新楼房。金庄村原来有400亩盐碱地，粮食产量很低。2014年，在村党支部书记金德旺带领下，通过村党员干部会、群众代表会反复讨论研究，该村因地制宜，利用盐碱地发展小龙虾养殖业，将成荒连片的盐碱地改建成小龙虾养殖基地，变成农民致富增收的聚宝盆。

金庄村紧依丁东水库，气候宜人，生态环境优美。自2015年开始，村党支部根据金庄村优越的地理位置及水资源优势，经过不断的考察学习和摸索实践，提出大力推广乡村旅游的发展思路。村两委确定了“依托龙虾产业，发展休闲农业旅游业”的发展战略，利用近三年的时间将金庄村建成一个集美食区、绿色无公害食品采摘区、龙虾垂钓区、休闲娱乐区于一体的金庄农业旅游观光园。他们聘请德州市规划设计院对观光园进行了整体规划设计。根据土地类型和项目功能分区，规划区域分为龙虾养殖区、果蔬采摘区、休闲娱乐区、湿地公园、美食广场等，其中龙虾养殖基地 280 亩，果蔬采摘园 200 亩，餐饮休闲区 270 亩，绿化园林 348 亩。金庄旅游观光园逐步形成了集生产、销售、餐饮、娱乐休闲于一体的城郊旅游观光农业综合体，将金庄村彻底打造成一个旅游新村。

2016 年 7 月，陵城区第一届龙虾文化旅游节在金庄举办，至今已成功举办四届。龙虾文化旅游节期间，山东电视台在此举办了“农民大明星”海选，全市文艺爱好者来到金庄大舞台展示才艺。陵城摄影家协会在此举办了第二届摄影大赛开幕式，举办了“金庄印象”摄影大赛，优美的景色吸引了全市摄影爱好者汇聚于此。此外，村里还举办了“六一儿童游园活动”、“你尽孝、我买单”父亲节活动、“青春有约、心动七夕”活动等，陪伴人们度过一个个愉快、充实的假日时光。

龙虾文化旅游节的成功举办，使这个小村庄变成了明星村。2016 年，金庄旅游观光园荣获“山东省农业旅游示范点”荣誉称号，2017 年被评为“AA 国家级旅游景区”。优美的自然人文景观、舒适惬意的休闲环境，吸引着越来越多的游客前来游玩。据统计，现观光园日接待最大游客量达 2000 余人次。大量的游客为金庄村农副土特产品提供了很大的消费市场，降低了农副产品的运输成本。观光园的发展也辐射带动了周边村庄农产品加工业、食品零售业等多种行业的产业化规模化发展。目前，金庄及周边村居的个体业主、工商户达300余户。农民可以在当地就业，打零工、办旅馆、开饭店等，就业岗位多了，农民的收入自然也提高了。

金庄村立足独具魅力的生态资源优势，努力提升文化内涵，发展乡村旅游，建设旅游新村，既吸引了城区居民走进田园、回归自然，也让本地村民得到实惠，一门心思扑在了发展上，有力带动了当地农村产业转型升级和农民增收。在提高农户和村集体经济收入的同时，通过道路建设、绿化建设等改善了当地的人居景观和环境质量，丰富了城乡居民的精神文化生活，形成了和谐宜居的生态环境和新农村风貌。

（十四）菏泽：成武县党集镇西刘海村系列节庆

西刘海村位于成武县党集镇西部，全村共有496户，1602人。该村东临德商省道，北接县生物医药园区，南靠绿水长流的东鱼河北支，清澈的河流缠绕着这座植被葱茏、底蕴深厚、风景如画的村庄。

近年来，该村紧紧围绕“抓党建、兴文化、促产业、谋振兴”的工作思路，依托鲁西南特色地方文化，以海棠种植业为主，发展观光农业，打造了鲁西南最大的海棠观赏育苗基地。目前，西刘海村已打造海棠产业基地、多肉植物园、牡丹赏花园、乡村记忆馆等多处景点，乡村文化旅游产业初具规模。村集体收入15万元，农民人均可支配收入约1.1万元，全村群众幸福感和满意度持续提升。该村先后被评为全国乡村旅游扶贫重点村、中国淘宝村、省级文明村、省级美丽乡村示范村、省级森林村居、美丽村居建设省级试点。

结合时令，西刘海村每年都会举办“馥郁芬芳海棠节”“国色天香牡丹节”“夏日欢歌葵花节”“亲子时光采摘节”等活动。节庆期间，村里还组织举办了广场舞大赛、公益相亲会等公益活动。这些节庆活动在带动村集体经济、乡村文化旅游发展的同时也丰富了群众的精神文化生活，实现了共同致富。村北新建鲁西南风格传统复古牌坊一处，刻有“锦绣刘海”四字，既是风景又是路标；村西南角有古井一口，始建于清中期，是一处宝贵的文化遗产；村南以张显俊故居为基础，保留了 20 世纪 60 年代的老青砖民居，建设西刘海村乡村记忆馆一处，收藏村内老物件 100 余件，体现了西刘海村的历史变迁。村内老工匠在记忆馆庭院内铺设了本村村民捐献的 5 万枚旧时青瓦，精致美丽，充分展示了鲁西南农民的智慧和农耕文化的精髓。

乡村文化是乡村发展的根脉和灵魂。西刘海村在践行乡村振兴过程中，注重留住本土文化、传承文化产业，让鲁西南乡村文化在村庄发展中焕发新生机，擦亮了“锦绣刘海”新名片！

（十五）日照：东港区大暖帐诗茶小镇豆腐节

近年来，日照市东港区突出“一镇一品”特色，推出了“醉美田园乡约东港”系列节庆活动。大暖帐诗茶小镇豆腐节就是其中一项具有代表性的节庆活动。

大暖帐诗茶小镇豆腐节旨在挖掘当地乡村民俗文化，打造特色豆腐产业，繁荣农村文化生活，丰富日照特色乡村旅游产品。

2019 年 10 月 6 日上午，日照市东港区第三届大暖帐诗茶小镇豆腐节在日照河山南麓的大暖帐诗茶小镇启幕，掀起了日照秋季乡村旅游的热潮。

活动开幕现场，慕名而来的游客近千人，场面十分壮观。豆腐制作比赛是豆腐节的重头戏。当天十四名纯手工豆腐制作高手参与制作豆腐大赛，由大众网网友组成的 200 名评审团作为评委。评委每人一票，票多的选手胜出。最终，豆腐大赛选出一等奖、二等奖、三等奖和优秀奖若干名。除了品尝美味的豆腐，现场还设置了河山镇本地特产售卖摊位。游客可以在这边品尝豆腐，那边吃煎饼，其乐融融。活动当天，大暖帐诗茶小镇还吸引了一群捷安特骑行爱好者，他们身穿统一服装，奋力骑行在山野之间。

大暖帐诗茶小镇豆腐节吸引了大量的游客到此消费，增加了当地村民的收入，促进了乡村文化振兴。

（十六）日照：河山镇申家坡社区丰民文化节

河山镇申家坡社区位于临沂路以东，潮石路以西，距离市区仅 5 公里。社区下辖 5 个自然村，服务周边 45 家企业，常住人口 4126 人，其中企业人口 2335 人，服务人口 6461 人。申家坡社区是河山镇招商引资的前沿阵地，河山镇工业园就坐落在该社区。园区内现有 40 余家企业单位，其中吉祥门业、华业玻璃、玛雅包装、丰源家纺都是规模企业。这些企业共为社区带来了 1000 余个就业岗位，辖区内年经济总收入 1.9 亿元。

社区连续举办了两届“丰民文化节”。文化节上，社区设置了慈善捐款箱，建立了慈善超市，成立了共建理事会。周边企业和社区爱心村民共为慈善超市筹到善款36500元，2018年春节前分别向困难职工、群众发放了爱心卡。他们可以凭爱心卡在超市领到免费大米、白面、被子、花生油和其他日用品。

在丰民文化节上，社区设立了劳务洽谈处。群众可以通过劳务洽谈选择去哪家企业务工，既增加了群众收入，也解决了企业用工难的问题。社区还在文化节上设立了为民义诊处，社区村民和企业职工可以在社区卫生所免费体检；设立了车管业务窗口，方便村民和职工审证、查询违章等业务。同时，在丰民文化节上，社区村民和企业员工一起载歌载舞，进行大联欢，庆祝幸福美好的生活。

以丰民文化节为引领，社区组建了50余人的四德文艺宣传队，充分利用三八妇女节、丰民文化节等节日，开展学唱三德歌、学跳三德广场舞等活动。社区还成立了社区青年志愿服务站，引导社区青年积极参与暑期义务辅导、定期看望老人、绿化美化家园等系列活动。

（十七）威海：荣成人和镇院夼村渔民节

院夼村于明朝天启年间由王氏建村，距今已有近四百年的历史。据王氏家谱记载，王氏祖先原居石岛镇干占村，至四世，有继庄、继业、继海同胞三人，其中继海买到山岚宅院一处，迁至山岚定居，因为山岚临近院夼寺从而得名院夼村。王继海为院夼村王氏始祖。

院夼村占地总面积5.5万平方公里，其中村庄居住面积1平方公里，山地绿化面积 5000 亩，海拔 300 米左右，村内海拔高度 10 米，地质主要为石礓。院夼村海岸线长 1.3 公里，现有滩涂养殖面积 118400 亩，7 块海区（以海域使用权证书为准）。

院夼村现有人口 1422 户，3514 人，其中男性 1696 人，女性 1818 人；55 岁以上人口 621 户，1023 人，其中男性 457 人，女性 566 人。院夼村内王姓为第一大姓，占村人口的 90%以上。村内现有外来务工人员两千多人，一般从事海上捕捞、海产品养殖加工等行业。

院夼村内现有平房 920 多栋；二层住房 18 栋，26 户；三层以上综合楼 21 栋，520 多户。村内主要道路 20 余条，硬化率 100%，安装路灯 133 盏，自来水入户工程全部完工。

院夼村落现主要荣誉称号（省级以上）有：住建部、文化部等八部委授予“中国传统村落”称号，农业部、国家安全监管总局授予院夼渔港“全国文明渔港”称号，山东省住建厅授予“山东省传统村落”称号，山东省精神文明建设办公室授予“省级文明村”称号，农业部授予“农业部水产健康养殖示范场”荣誉，山东省文化厅授予“山东省非物质文化遗产保护十大特色村”称号。

院夼村民营企业总资产达 5 亿多元，主要从事海上捕捞、国际与国内货运、水产品养殖和加工等行业。目前村内有 100～960 马力渔船 130 多对，其中荣成籍渔船 93 对，其他均为外地船籍（浙江、河北、辽宁等）；100 马力以下渔船 100 多条。国际国内货运 10 条；水产养殖加工场 10 家，主要养殖加工海带、裙带菜、牡蛎等；特种养殖 10 家，貂种存栏量 6000 多头；鱼粉加工厂 6 家；鱼油加工厂 1 家；海参养殖场 1 家；冷储业 4 家。

2017 年，村集体实现经济总收入 43214.2 万元，利税 4432 万元，出口创汇 1969.4 万美元。

目前，水产品精深加工产业为院夼村集体的主导产业，也是支柱产业。调查中得知，在未来的几年里，水产品精深加工产业将继续作为院夼村的龙头产业发挥经济主导作用，在原有 4 家下属企业的基础上，新建万吨冷库配套加工车间 1000 平方米。依托国家大环境和政策扶持力度，院夼村夯实村庄现有非遗项目和旅游资源的基础，大力发展文化产业、民俗旅游业、休闲渔业等新兴产业，积极探索军民融合示范基地的创建工作，为荣成市打造中国海洋食品名城和全国双拥模范的创建奠定坚实的基础。

为把文化和旅游相结合，促进乡村振兴，荣成市每年都会举办渔民开洋节、谢洋节、登山节、渔民节等系列节庆活动。在多年的传承中，这些节庆活动已成为凝聚人心的重要纽带，成为展示荣成渔民文化的一张重要名片。

2019 年 4 月 19 日，荣成渔民节在院夼村广场正式开幕。由渔家大鼓方队、舞龙方队、舞狮方队、秧歌方队、腰鼓方队、渔民号子和祭酒方队组成的 300 人表演队伍上演了具有胶东特色的民俗表演，展现了荣成沿海渔民谷雨祭海的场景。

为传承渔民文化，荣成市先后投资建设了荣成人与海展馆、群众文化活动中心等展示荣成渔民文化的大型文化设施，举办了六届荣成国际渔民节，成立了渔民号子、渔家锣鼓等 10 多个渔民文化协会，拥有一大批渔民文化传承人、渔民文化艺人、渔民文化演艺团队和演艺场所，每年创作产生许多优秀的渔民文艺题材作品。

在院夼村渔民节上，还举行了非物质文化遗产项目展示活动。有 1 项国家级非遗项目、12 项省级非遗项目和 30 多个威海市级、荣成市级非遗项目将在院夼村广场集中展示。其中既有如鲅鱼水饺、蠓子虾酱、俚岛油炸糕、盛家火烧等农家渔家小吃，更有民间武术、民间体育、杂技等展示和各种民俗文艺演出活动。

（十八）威海：半月湾国际沙滩音乐节

为了吸引更多的游客，威海市举办了半月湾国际沙滩音乐节，以音乐盛宴打造城市新节日，邀请国内外知名歌手为威海百姓和来威游客提供高水平的免费演出，烹制出高水平的夏日夜经济文化盛宴。

7 月的夜晚，半月湾人头攒动，热闹非凡。一曲曲激昂的音乐、一份份爽爆味蕾的美食将市民和游客汇聚于此，开启了一场长达 10 天的夏日狂欢。沙滩音乐节将市民们聚集于此。作为极具特色的夜经济活动，半月湾国际沙滩音乐节的盛大开启，再一次点亮威海的夏夜，演绎着这座城市的生动图景，使人领略到这座城市的另一种风情，体验到了这座城市的文化与生活。从 7 月 12 日到 21 日，10 天的时间，国内外的乐队激情献唱。“中国海鲜享威海”海鲜美食嘉年华活动也同步举行。音乐节期间，总面积约 3000 平方米近 70 个展位的美食区呈 L 型排列，燃烧市民的味蕾。

沙滩音乐节举办地孙家疃被称为中国油画小镇。为了让油画走入寻常百姓家，拓展音乐节的服务边界，增加城市新节日的文化内涵，音乐节设置了涂鸦区和自助油画体验区，游客可以免费进行油画涂鸦，现场画油画并学习油画绘画技巧。

听音乐、品美食、观表演、玩游戏，市民们尽情享受着海边的惬意夜晚，也刺激了环翠区夜经济的繁荣发展。

七、培育优良家风、村风，助力乡村文明

（一）济南：章丘区相公庄街道相一村

近年来，相公庄街道相一村致力于开展农村精神文明建设，培育优良家风、村风，村民精神风貌不断改善。

相一村全村共 10 个村民小组，375 户，1347 人。近年来，村两委以热爱祖国、创业致富、勤俭节约、孝老爱亲等为评选标准，在全村范围内持续开展“星级文明户”评选活动。该村按照村民推荐或自荐、逐户对照评选、村民代表大会投票通过的形式进行评选，为评选出的星级文明户命名发牌，号召村民向其学习文明家风。

相一村还开展了“出彩人家”评选，评选出宋国勇等三家“出彩人家”，并组织村民到他们家中参观、学习。在示范户宋国勇家中，房前屋后被女主人打扫得一尘不染，客厅整齐明亮，卧室干净利落，门外的胡同、道路两旁也被打扫得干干净净。在

他家的带领下，整个胡同的邻居们也把家里家外收拾得井井有条，成为村民交口称赞、争相模仿的示范户，真正起到了文明示范作用。

图 89　相一村牌坊（济南市委宣传部供图）

相一村结合村庄实际，制定了村规民约“三字经”。村民将爱国爱家、遵纪守法、爱护环境、弘扬美德等各个方面的内容编成朗朗上口的“三字经”，在村内传唱。村委会还将村规民约制作成展板，让村民在潜移默化中学习、践行村规民约，在潜移默化中得到教育和提升。

图 90 相一村文化长廊（济南市委宣传部供图）

（二）济南：槐荫区段店镇前周村

前周村全村 279 户，1331 人。别看村子不大，淳朴的村风、文明的乡风是这里的招牌。在先进典型人物的引领下，文明乡风在这里生根，传统美德涵养着乡魂，不断提升着乡村振兴的软实力。

在前周村，定期评选四德榜、好媳妇、好婆婆、星级文明户等出彩人家已成为传统。2018 年，前周村开展两次评选，评选出星级文明户 20 户，好媳妇、好婆婆 14 人。

在前周村有一个公认的名人张永勤。年逾七旬的张永勤十八年如一日照顾着生活无法自理的邻居刘传香，村民都说她是一个善良、实在的大娘。张永勤的事迹广受称赞，她先后被评为槐荫区第九届道德模范、2017 年济南市道德模范、第二届泉城女性年度榜样，入选 2016 年济南好人榜。面对荣誉和称赞，张永勤总是笑笑说："她是我的邻居，也是我的姐姐，我应该照顾她，只是做了应该做的事。"

在张永勤的模范引领下，尊老、爱老、敬老的传统美德浸润人心。见贤思齐、崇德向善的村风激励着更多的人成为"前周榜样"。"前周榜样"也讲述着平常而又温暖的前周故事，弘扬着前周村优良的村风。

（三）济南：平阴县玫瑰镇庄科村

为加快推进乡村振兴战略，玫瑰镇在全县率先开展乡风文明银行活动，在各村推广建设乡风文明银行。该活动旨在培育文明村风、良好家风、淳朴民风，建立完善以文明积分为主要内容的激励机制，全面引导村民养成好习惯、形成好风气，着力提升公民素质和社会文明程度，进一步擦亮玫瑰名片，为乡村振兴注入源源不断的精神动力。经过一年的探索实践，以庄科村、站西村为代表的先进村先行先试，走出了玫瑰特色的乡村振兴之路。目前，除了个别班子软弱涣散的村庄，乡风文明银行已实现全覆盖，群众参与村庄治理热情大大提高，乡风民风不断改善。

玫瑰镇庄科村于 2018 年 8 月成立了乡风文明银行，组建了以党支部书记张健为行长的乡风文明银行领导小组和由群众代表、党员代表、乡贤组成的执行小组。乡风文明银行如何管理、文明积分如何计算、资金来源如何保障，效果又如何呢？

乡风文明银行活动以户为单位，村民可以通过主动参加村集体活动、团结邻里、助人为乐、孝敬老人、爱护环境等20多项善行义举获得相应加分。由党员、群众代表组成的工作组，负责积分记录、汇总、兑换。文明积分由各片长录入、工作组评议，张贴公示，一月一汇总，一月一公示，一月一兑换。从2018年8月开始，每月一次的文明积分公示成了村里的大喜事和庄科人街头巷尾议论的焦点。

村民陈元新把他捡到的价值上千元的手机交到村里，并找到失主主动归还；村民张现芹关爱邻居，为70多岁的独居老人上门送温暖；村民丁传刚义务开车带贫困群众到医院就医；村民张立法主动清理卫生死角，并向村里捐献三根水泥檩条用于溢洪口砌垒。庄科村党支部书记、乡风文明银行行长张健有一本写着积分台账的黄色簿子，这些事情他都认真地记录在案。说起从2018年8月开展的乡风文明银行活动，张健最大的感受就是村里人更有精气神了。以前村里召集村民开会特别难，群众参与村庄管理的意识淡薄。现在不一样了，因为参加集体活动纳入了文明银行积分标准，群众参与度高了，对村里的重要工作了解得多了，主人翁意识也越来越强！

庄科村文明积分按月兑换，群众可以在积分公示后自由选择积分兑换额度，到文明银行兑换相应物品。从2018年8月以来，村民先后兑换了价值约2万元的奖品，大到电饭锅、喷雾器，小到暖壶、洗衣粉，奖品种类丰富。年过七旬的张立法用积分兑换到一把苗木修剪专用剪刀，高兴得合不拢嘴。像张立法一样，庄科村乡风文明银行启动以来，150 多户家庭领到了满意的文明礼包。文明积分让好人在道德上得到赞誉的同时，也在物质上得到了实惠。

图 91　玫瑰镇乡风文明银行积分本（济南市委宣传部供图）

2018 年，庄科村依据文明积分，对村里 35 户星级文明户和出彩人家示范家庭进行了隆重表彰！

乡风文明银行活动的开展，为村里精神文明建设打开了一扇窗户，也解决了困扰庄科已久的美丽乡村难题。通过积分项目、积分标准的靶向引领，原来单纯靠村两委单打独斗的村庄环境整治，变成了人人参与的整体提升。在全镇城乡环卫一体化考核中，庄科村脱颖而出。

图 92　玫瑰镇乡风文明银行积分兑换现场（济南市委宣传部供图）

（四）淄博：桓台县起凤镇辛泉村

辛泉村现有 500 余户，1500 余人，其中党员 73 名。该村有农村专业合作社 3 家。近年来，经过全村上下的齐心协力，已建设成省级美丽乡村。该村坚持以德治为中心，成立了乡贤议事会。各姓氏家族立家规、定家风，以好家风撑起好村风，形成了自治、法治、德治“三治”相结合的管理模式。

辛泉村连续八年举办了“大丰杯”篮球赛和扑克够级大赛。年轻人通过参加这些活动，成了父辈人最好的“说和人”，无形之中化解了群众矛盾。村里举办了重阳节敬老宴会，村内好儿媳组成敬老志愿者，为老人包水饺，乡贤捐赠了过节物资。他们还组织举办戏曲晚会，儿孙推着行走不便的老人看戏，无形之中给全村做了孝老的榜样。春节书画协会为村民写春联、送对子，促进了邻里的和谐。以这些文体活动为载体，辛泉村劲吹文明新风，孝老爱亲、邻里和谐，集体观念、社会主义核心价值观等正能量融入村民头脑，体现于日常行为，更成为最基本的村规民约。

图 93　“感动辛泉年度人物”评选（淄博市委宣传部供图）

辛泉村还组织举办了“感动辛泉年度人物”颁奖文艺晚会，用榜样的力量，在全村营造出一种崇德向善的良好氛围。该村举办了首届文明家庭颁奖文艺晚会，用村内文明家庭的故事带动全村注重家教、家风，促进每个家庭的和睦，以好家风撑起好村风。

此外，辛泉村还创新宣传引导载体，建了微信群，申请了秀美辛泉公众号，编辑了《阳光村务》村刊。村委以此作为工作平台，及时发布上级文件精神、工作动态、会议通知、三务公开等。村民则可以通过手机终端，共同学习，关注村庄建设发展，对村内事务评论点赞，建言献策。

图 94　辛泉村篮球比赛现场（淄博市委宣传部供图）

（五）青岛：莱西市马连庄镇马连庄村

一方水土养育一方人，青岛莱西市马连庄镇马连庄村这块红色沃土养育了无数革命先烈。先烈们用鲜血把敢于献身、舍生取义的革命老区精神浸入泥土、洒向大地，谱写了一首彪炳千秋的英雄史诗。在马连庄流传着一个又一个的红色故事。在这些故事的熏陶下，伴随着祖辈的言传身教，马连庄村村民也形成了爱国奉献、自强不息的良好家风。马连庄著名的顾家“一门三烈”唯一后人顾金美就是典型的例子。

顾金美的祖父和祖母养育了三个孩子。1937 年抗战全面爆发，马连庄成为重要的革命根据地，祖父顾成田积极响应党的号召，怀着国仇家恨，先后送三个儿子参加革命。在随后的几年里，顾金美的父亲和两个叔叔相继在与敌人的斗争中不幸牺牲。祖父母把悲伤掩埋在了心底，不顾家庭安危，带领儿媳臧桂青创建党的地下交通站，为掩护革命同志、完成党的秘密任务做出了巨大贡献。抗战结束后，为表彰整个家庭为革命事业无私奉献的丰功伟绩，祖父顾成田被华东军区司令部授予“功臣第一”称号，而顾家则被胶东区党委授予“光荣门第”金匾。新中国成立后，顾成田、咸元志夫妇积极投身于社会主义建设事业，致力乡村教育，备受群众拥戴。

顾金美毕业后本可以去基层担任干部。但是她在父亲叔伯均为革命献身、祖父母投入教育事业的影响下，毅然放弃干部身份，回到莱西当起了一名普通的教师。为了帮助困难学子完成学业，顾金美自掏腰包，帮助学生念完了大学。每到教师节、母亲节，这个学生总会去看望顾老师。顾金美说：“我的祖父常说，教育是发展之根本，差什么也不能穷教育。我选择成为一名人民教师，就一定要做好这个工作。正己化人，成人达己，这八个字时时萦绕在我的心中，影响了我们家一代又一代的人。”

顾家后代从小就受长辈影响，谦逊、自强、重视教育。也正是因为成长于这片红色沃土，才有了顾家后代的精神力量。在顾金美的言传身教下，三个子女均大学毕业。其中，她的二女、三子建立了莱西首家公益图书馆，支持“全民阅读计划”，免费将图书资源分享给更多的孩子，自觉帮助孩子们养成良好的读书习惯。顾金美的子女时刻不忘祖辈教导，重视教育，以品质教育成就品质人生。

近年来，马连庄镇党委致力打造红色马连党建品牌，积极筹建胶东行署红色教育基地。顾金美老人虽然年事已高，但依然积极主动到河崖担任义务讲解员，向年轻人讲述老一辈的抗战故事。斯人已逝，芳香仍在；斯人已逝，言犹在耳。顾家一门正己化人、成人达己的家训影响着顾家一代又一代人。顾家人秉持教育至上的理念，传承家族衣钵，教书育人，书香世家继续谱写桃李满天下的感人篇章。

（六）青岛：平度市东郝村

习近平总书记强调：“家风好，就能家道兴盛、和顺美满；家风差，难免殃及子孙、贻害社会。”调查显示，所有的家庭都亟待找到“家庭幸福、夫妻和睦、子女孝顺”的密码，而实现这些目标的家庭无一不是传承了良好家风。在物质极大丰富的今天，追求民风淳朴、诚信友善、社会和谐，激励人们传承优良家风、孝老爱亲，就是农村干部群众的共识。

敬祖孝亲一直是中华文化的核心，是共同的信仰基石。传承家风家训、倡导孝老爱亲是群众最基本的道德规范和底线，是开展精神文明建设最受群众欢迎、最接地气的方法。

按照中央“注重家庭、注重家教、注重家风”的要求，平度市以家风为切入点，为扭转对错、美丑、是非颠倒的村风，将平度东郝村作为第一个试点村。

东郝村全村 298 户，判刑、劳教人员 88 人，平均 3 户就有 1 位服刑人员，在全国也绝无仅有。由于家风文化传承中断，村庄成为文化沙漠，群众思想混乱。2018 年 3 月，东郝村开展家风建设，以家风家训为切入点对村民进行思想道德建设，村风扭转收到初步成效。

村两委会成立了工作小组，利用一个月时间深入到每家每户调研，深入了解群众的切实需求。根据以往经验，向村民单纯宣讲社会主义核心价值观不足以撼动被腐蚀的村风，为此，调研人员将社会主义核心价值观与本村、本宗族的家风相结合进行宣讲，恢复宗族文化生机。通过开展孝老爱亲饺子宴、粽子宴等活动，使年轻人重视老人，这一活动得到全村老少的拥护和称赞。尽管年轻人参加讲堂的人较少，但是通过老人向子女口口相传，讲堂内容逐渐在村中扩散，使孝老爱亲在村中迅速深入人心。

工作组在村简陋的会议室召集群众座谈，用他们最质朴的语言分享家庭故事，正反两方面的案例都有涉及。通过分享，群众深切感知什么是对错、什么是好坏，不同的家庭选择不同的家风，经过多年生活形成截然不同的结果。村民知晓后果后，意识到传承家风是最基本的人生礼仪与修养，便会毫不犹豫地选择正确道路。在教育引导上，充分发挥党员的模范先进作用，党员要带头孝敬父母。工作小组召开全体党员会议，通过走访老党员，挖掘本村、本家族优秀家风家训；党员带头抓家风，做家风建设的表率，从孝敬自家老人开始做起。经过6个月的努力，东郝村良好的家风、淳朴的民风得以恢复，群众精神风貌大大改变，焕发出新气象。

大道至简，家风为先。东郝村已经成为家风正、民风淳的孝老模范村。东郝村的家风建设模式十分简单，易于操作复制。以孝悌忠信为主的家风家训教育体系，对促进家庭和谐、维护乡土文明发挥了重要作用。村风家风的建设将助力乡村取得更大幅度的发展。

（七）淄博：淄川区双杨镇月庄村

淄博市淄川区双杨镇月庄村通过制定《村风村训》和《文明公约》，引导村民自觉行动，形成了良好的家风和村风。

月庄村制定了32字的《村风村训》，制成巨型卧碑立在村中。32字由8个词组成，第一个词是“宽仁厚德”，“宽”字为首。“宽”在农村可是极其重要的。它的根子在心态，表现在行为，影响在社会。对老百姓来说，“宽”是一种实实在在的文明。《村风村训》在潜移默化中影响着村民的行为和心态。

月庄村《文明公约》是《村风村训》的延伸，更生动更具体。

月庄村《文明公约》第二章“交往文明”有八个约定，包括对亲友兄弟、对夫妻、对邻里以及面对言语冲突、矛盾利益和人前背后等方方面面应有的心态和做法。这些约定无不体现一个“宽”字，来自实际生活，有极强的针对性。比如“绝不能专盯别人短处，专挑别人毛病”，就给这个社会矛盾的痛点扎了一针。无视别人优点专挑别人短处，这是不阳光、片面甚至灰暗的心理。它与文明相悖，不但不能激励进步，还可能激化矛盾。以前，月庄村有一个家族，每逢办理大事，必定闹矛盾吵架。原因就在于一些村民耽于做事，专门挑刺，缺乏宽仁的心态和厚德载物的包容。近年来，随着有针对性的家风村风的学习，专门挑刺的人逐渐没有了市场，不受大家待见，事就办得顺利了。宽仁厚德成了主流，就一定会产生向好向善、和谐稳定的正能量。

第六条：“不背后指责人，不嚼舌头，为和谐说话，不制造矛盾；发现‘好’、宣传‘好’、做好人。”就是让大家文明自律，明白人应有阳光心态，对己、对人、对社会都是一种文明。

月庄村有传承600年的厚重文明。高姓是主流大姓，高姓祖上明清时期是孝妇河畔的名门望族。特别受人敬仰、得以世代传诵的，不仅是他们家出过巡抚、都御史、院部侍郎等朝廷高官，更在于其世代传承的宽厚心态和大德善行。这些素质，被后人极其长久又极其普遍地躬行于日常的言谈举止、衣食住行当中。新《文明公约》第五条“能谨记家族先辈一两件让人敬仰的事，并经常和家人亲友分享”就非常接地气、有意义，并且实行起来更丰富、更灵活。心里装着先人的好故事，还经常讲给家人听，既陶冶了自己，也能影响他人。

月庄人现在都沐浴着文明的甘霖。不论是环境卫生、车辆停放，还是人际交往、邻里相帮，再到家族理事或者移风易俗，大家的生产生活、言谈举止，街头巷尾大事小情到处都体现着极普通又自然的新时代文明与和谐。

（八）烟台：莱山区解甲庄街道李家疃村

烟台市莱山区解甲庄街道李家疃村地处街道中部，桂山脚下，东邻辛安河，山清水秀，水资源充足，地理位置优越。全村现有 290 户，789 人，其中党员 45 人，村民代表 36 人。

近年来，李家疃村在区、街道的领导下，高度重视乡村文明，在幸福院建设、文化活动、“好婆媳”评选创建、巾帼志愿服务活动等方面表现出了自己的特色。村党支部副书记兼妇代会主任周建叶荣获“烟台市优秀女村官”等荣誉称号，村民周建叶、李海军、张志芬、安丰业获得烟台市“最美家庭”称号。

李家疃村的婆媳互夸会始于 2004 年，至今已经连续开展了 15 年。自开展乡村文明行动以来，村里高度重视此项工作。每年 4 月，李家疃村就会召集村里的婆婆、媳妇开座谈会。座谈会上，婆婆、媳妇学习各个地方的孝顺榜样，汲取榜样的力量。婆婆和媳妇在会上分别发言，交流经验，中间还会表演节目，其乐融融。婆媳互夸会成立伊始，村里大多数的婆婆和媳妇都对此持观望态度，认为自家的家事不好拿出来说。后来，愈来愈多的村民加入进来，大家在互夸会上畅所欲言，每一期互夸会都能发现许多新的温馨故事。

被评为“好媳妇”的车建英的婆婆 90 多岁了，患精神分裂症 10 多年。车建英对婆婆就像对自己的亲妈一样，不但接到自己家里照顾，有好吃的都是先给婆婆。她常说："对待自己的婆婆就要像亲妈一样，打心底里对她好。进了一个门儿，就是一家人，做事说话都按一家人来。"除了评选"好婆婆""好媳妇"，互夸会还推选出了"好妯娌"代表。

互夸会结束后，村委安排吕剧表演，弘扬优良家风，并为参加活动的妇女们颁发小礼物，鼓励她们继续宣传正能量。

图 95　婆媳互夸会现场（烟台市委宣传部供图）

婆媳互夸会开展以来，榜样的力量带动了乡风文明的进步。原来不孝顺的儿媳懂事了，原来的"恶婆婆"变好了。婆媳互夸会拉近了媳妇和婆婆的距离，这样的家庭道德评议对文明村风的形成有良好的推动作用。如今，李家疃村的"婆媳互夸会"已经逐渐成为解甲庄精神文明建设的一个靓丽品牌。此外，街道孔辛头、南水等村也连续多年开展了“婆媳互夸会”。街道上下营造了浓厚的尊老爱幼、团结和睦的氛围，传递了文明和谐的新风尚。

（九）烟台：招远市阜山镇九曲蒋家村

招远市阜山镇九曲蒋家村有 300 户人家，近 1000 名村民。10 多年来，村委会一直以培育和践行社会主义核心价值观为基础，以“建立家规家训、传播文明家庭传统、品德高尚”活动为载体，做出了不懈的努力，取得了一定的成绩。村民个人道德水平显著提升，家庭传统文明程度不断提高，村内各项事业健康持续发展。

九曲蒋家将提高村民素质作为各项工作的重中之重，经过不断的探索实践和创新，首创“12345”特色素质教育格局。

近年来，村里年投入村民教育培训经费 100 多万元，先后邀请省委讲师团何克良副团长、东北师范大学吴荫培教授等 50 余人次专家学者为村民开展专题教育讲座。年均受教育村民达 5000 多人次，人均受教育时间 80 小时以上。村自编素质教育教材总字数达 200 万字，村民素质教育笔试答卷总字数 900 多万字。十几年来，九曲蒋家村不仅“请进来”，而且“走出去”，先后选派村企骨干 400 多人次到清华大学、山东大学等高等院校深造。该村组织党员干部到沂蒙老区烈士陵园进行革命传统教育，组织村民外出参观学习达 3000 多人次；组织青少年 700 多人次参加高等院校夏令营活动。该村通过这种形式向村民灌输社会主义核心价值观，为培育好家风打下了坚实基础。

该村把制定家规家训作为家风建设的重要内容来抓，在组织协调村民制定家规家训方面抓好“五个环节”：一是搞好预热。村里邀请了烟台市委党校蔡玉霞、鲁东大学王慧萍等专家学者先后七人次来村为村民举办家庭家风家教系列讲座。烟台市、莱州市、蓬莱市、招远市等道德模范应邀先后来村为村民做事迹报告。村里组织召开家庭家风家教经验交流会，总结推广本村村民迟孟宴等多名先进典型的经验做法。在此基础上，村里召开了“立家规家训，传文明家风，做有德之人”动员大会。通过这些活动，村民意识到了家庭家风、家教的重要性和必要性，激发了村民家风建设的自觉性、主动性。二是制定家规家训。在两个月的时间内，全体村民普遍制定了家规家训，总计达 1800 多条，3 万多字。良好的家规家训体现出了村民的家庭风气，更增强了家庭的凝聚力和向心力。三是展示家规家训。通过宣传栏、公众号、春雨网站和村报《春雨报》，该村把家家户户的家规家训进行展示，互相促进，共同提高。四是评家规家训。村委会对全村评选出的家规家训 30 佳进行了表彰奖励。五是统一装裱。村里依照统一规格制作镜框，让各家各户把家规家训张挂上墙。

怎样才能保证家规家训在家庭中落到实处，形成常态？九曲蒋家村在建立制度、强化措施上下工夫。一是制度保障，他们把家庭家风、家教的内容纳入村规民约条款，形成制度规范管理。二是督导考核，村委会每年都组织职能部门人员，带着“家规家训践行 30 问”挨门逐户到村民家中，对村民家规家训践行情况进行督导考核，当场评估打分。三是“一考四评”，“一考”就是每年的村民素质教育考试都把家规家训家风家教作为必考内容；“四评”就是“教子育人”“孝老爱亲”等六项道德标兵评选活动、村民行为道德四级联评活动、“新型文明家庭”和“十星级文明户”评选活动，评选结果与村民切身利益挂钩。四是奖优罚劣。村里每年召开精神文明总结表彰大会，对道德模范、新型文明家庭和十星级文明户进行大张旗鼓的表彰奖励。他们还组织极个别行为不轨、道德失范的人和门风不清、家风不正的村民参加“规劝班”批评教育，对情节严重造成不良影响的给予经济处罚。有效的制度和有力的措施使家规家训得到了落实。

（十）烟台：莱阳市谭格庄镇谭格庄村

莱阳市谭格庄镇谭格庄村是谭格庄镇政府驻地村庄，位于该镇西北部。全村共有 251 户，800 余人，其中党员 32 人。全村耕地面积 2400 亩，属于山村。2000 年以前，该村赌博风气盛行，村里信奉邪教人员较多，小打小闹时有发生，村庄风气较差。2000 年之后，通过举办“村晚”，村里的风气有了明显改善。

2000 年，为改变村庄现状，营造良好村风，让村民“有事干”，村两委号召村民成立锣鼓队、舞蹈队，自编自导文艺晚会。为此，村两委专门从村里挑选了十名妇女，送到济南文化馆学习跳舞，以点带面，带动更多村民参与进来。从 2000 年开始，谭格庄村每年都会在除夕前举办一场村民自编自导自演的晚会，到如今已经持续了 19 年。晚会上，所有的节目都是村民自编自演的。参加晚会的人员除了本村村民外，还有周边 4 个村庄的村民以及中心中学、卫生院等 4 家单位职工。演员上到年逾古稀的老太太，下至十来岁的孩子，全村男女老少欢聚一堂、载歌载舞。节目形式多种多样，从舞蹈、独唱、合唱到相声、小品，节目内容多反映新时期农民新风貌，彰显出农民群众追求精神文化生活的现实需求。随着村民参与度的提升，节目质量也有所提升。2018 年“村晚”，共上报节目 45 个，经反复评选、彩排，最终演出节目 26 个。

2018 年，村两委集资逾百万元，重新修缮了村庄综合性文化服务中心。楼内党员活动室、图书室、棋牌室等一应俱全。另外，村里还建设了可容纳四五百人同时观看演出的文化礼堂，礼堂内配备专业舞台及专业音响，群众的参与度、满意度得到有力提升。礼堂外的走廊上贴有 19 年来“村晚”走过的历程。从露天院子到狭小室内，再到文化礼堂，村容村貌大变样，文明风尚入人心。随着硬件设施的提高，曾经 1 个村的自娱自乐变成了覆盖周边 10 余个村的阖家欢乐。如今，每年除了举办春节晚会，谭格庄村还经常性地组织村民茶话会、返乡群众座谈会、消夏晚会、广场舞汇演等一系列文化活动。谭格庄村的文化活动已然成为谭格庄镇乡村振兴中的文化引擎。

谭格庄村的“村晚”连续举办了 19 年，不仅丰富了村民的精神文化生活，也让村民之间交往增多、矛盾减少，关系越来越和谐。“村晚”必备的“好媳妇”“好婆婆”“五好家庭”“优秀共产党员”颁奖环节更是营造了良好的村庄风气。该村已多年没有刑事案件发生，赌博、邪教等不良风气也都销声匿迹。这 19 年的转变，不仅体现出村民对乡村文化认同后产生的自信，更是村民精神文化生活不断丰富的见证。

（十一）潍坊：寿光市圣城街道北关村

圣城街道北关村地处寿光市老城区。全村现有650户，2300人，土地600亩，村内大街小巷全部高标准硬化、绿化、亮化，村民家家户户都住上了二层或三层楼房。北关村坚持扎实开展孝心示范村建设，每家制定家训格言，以家风促村风，努力提高村民的精神文明素质。

北关村把孝心村建设和乡村文化振兴有效地结合在一起，深入推进以社会公德、职业道德、家庭美德、个人品德为主要内容的文明实践工作，并建设了乡村文化振兴宣传室、宣传广场，积极开展了各种活动。

北关村以孝心示范村建设为依托，主要做了以下几个方面的工作：第一，孝道大宣讲。他们邀请市关工委老领导王茂兴、韩冠生、李志强、刘来源等多次来村里为村民讲解孝道文化，让村民明白了道理，增强了力行孝道的责任感和自觉性。第二，大办饺子宴。村里每年为80岁以上老人举办饺子宴。老人们不但吃到了由志愿者包的饺子，而且还能和老伙计们聚在一起拉拉呱，心里像乐开了花。每次饺子宴，村内的成功人士都捐赠物品，争相为老人献爱心。第三，生日大团圆。每逢老人80岁以上生日，村委会都会送上200元礼金，提着蛋糕及装裱好的寿字，由市里的老领导、村两委成员、学校的老师与学生共同为老人祝寿。这样一来，每个家庭都会在老人过生日之际，提前做好准备，真正做到了在老人生日之际全家大团圆。第四，孝行大普查。该村成立了以村两委成员带头的志愿者团队，为村内 80 岁以上老人提供专门服务，定期对老人的衣食住行进行大普查。2018 年，他们对全村 70 岁以上 160 户 221 名老人进行了入户大普查，调查后又进行了个别谈话，收到了良好效果。第五，五好大推荐。为了让村民学有目标、赶有方向，村里制定了好家庭、好媳妇、好婆婆、好妻子和好丈夫、好儿子和好女婿等评选标准。2017 年，该村通过自荐和他荐的形式推出候选人，通过党员和村民代表的多次投票，最后又进行公示，共评出 44 名优秀代表。2018 年，该村通过分组直选的形式共评出 48 名优秀代表。

北关村先是组织有崇高威望的家族长定出自家的家训格言，让其他村民借鉴；然后借鉴名门望族的家训，请文化名人加以润色，每家都制定了符合自家情况的家训格言。最后，村集体出资，统一制作、统一张挂。这不仅对本家的子女后代有长远的教育意义，对过往行人也有一定的影响作用。

目前，北关村以孝治村的文明实践，带来了村风、民风的改善和提高，增强了群众自觉保持环境卫生的意识，促进了全村的和谐稳定和经济发展。

（十二）潍坊：昌邑市下营镇军营村

军营村位于潍坊昌邑市下营镇东部，现有人口 70 户，237 人，其中党员 15 名。全村耕地面积 1050 亩。村中以王姓居多。自明朝中期立村以来，村民忠厚传家、勤俭立业，尤以尚孝道、重孝德、行孝义闻名乡里，传承至今。

自 2016 年起，村两委结合本村多年来形成的孝悌忠厚的家风、艰苦奋斗的村风与勤劳淳朴的民风，提出了“以孝治村”的理念。依靠“以德为本、以孝为根”的孝德文化支撑特色新农村建设与发展，由村两委班子成员以身作则、率先垂范，组织开展以树孝风、讲孝德、定孝规、做孝事、评孝星、建孝榜、比孝心为主要内容的“七孝”创建活动。

树孝风，就是注重村庄内外孝德文化的氛围营造。军营村先后投资20余万元建成了一体多用的孝德文化广场，绘制了图文并茂的孝德文化墙，在加快美丽乡村建设步伐的同时，对村民的教育引导也起到了潜移默化作用。讲孝德，就是定期开展孝德文化宣讲和以孝德文化为主题的文艺演出。该村将孝德文化宣讲列入每月20日阳光议事日的重要议程，组织党员群众谈心得、谈体会；每季度组织召开一次以孝德文化为主题的座谈会，对个别存在差距、出现问题的村民进行提醒、约谈；利用重阳节、春节等时间节点，组织开展各类文艺活动。定孝规，就是将孝老爱老的条款具体化并写入村规民约。除去村集体统筹资金为60周岁以上老人缴纳银龄安康保险，每年组织两次体检，为70岁老人发放福利外，村里还专门制定了包括物质保障、日常料理、医疗需要、精神抚慰等方面的《老人赡养标准》，并由村两委与村民签订保证书。评孝星，就是结合“好婆婆”“好媳妇”“最美家庭”评选活动，通过全民投票的形式，推选出一致认可的在孝敬父母、厚养老人方面做得最好的前10名为“孝星”，并通过挂灯笼、发奖品、悬挂“孝星之家”门牌等形式进行大张旗鼓的表彰。建孝榜，就是在孝德文化广场设立孝星榜、善行义举四德榜、孝亲敬老模范家庭榜等，及时对评选出的“好婆婆”“好媳妇”“最美家庭”“孝星”进行上榜宣传。比孝心，就是通过加大对孝亲故事的舆论宣传力度，激发村民在日常生活和工作中自觉尊崇孝德、奉行孝道、开展孝行的内动力，在村民中间形成比、学、赶、超的氛围。

军营村不断挖掘孝德文化内涵，把孝德文化从家庭文化、家族文化、乡村文化提升到贯彻落实党的十九大精神和乡村振兴战略的总体布局上来，提升到加强社会主义核心价值体系构建层面上来。他们变“小孝”为“大孝”，变“小爱”为“大爱”，积极从尊老、敬老、养老转化为爱亲、爱人、爱国，从家庭成员的和睦相亲延伸到邻里之间守望互助，从生活中的举止文明扩展到工作中的担当作为。

通过孝德文化的挖掘，近年来军营村从内在到外延，从硬件到软件，都发生了不小的变化。通过开展孝德文化建设，村两委成员和全体党员带头做表率、谈奉献、尽孝道、解民忧，树立了威信，赢得了口碑。军营村党支部先后获评“昌邑市先进基层党组织”“潍坊市先进基层党组织”。

如今，村内孝老爱亲的观念深入人心，厚养薄葬的习俗蔚然成风。“生前多尽孝，后事不铺张”已转变为广大村民的自觉行动。2017 年，军营村被评为山东省敬老文化教育示范点。2018 年，军营村被评为潍坊市敬老文明号。

（十三）聊城：高新区韩屯镇韩西村

聊城市高新区韩屯镇韩西村 2013 年被中华孝心组委会评为

中华孝心村，是鲁西第一孝心村。该村位于韩屯镇驻地，东临韩东村、聊高公路，北临韩北村。该村占地面积 81 亩，耕地面积 680 亩，共有村民 93 户，413 人。其中 60 岁以上老年人 75 人，占总人口的 18%。该村大力弘扬家庭传统美德，传承良好家风家训。

依托镇道德中心讲堂，2012 年该村两委与《天下父母》栏目合作，开展中华孝心示范村建设，组织开展了孝道专题宣讲活动，并通过志愿者们的实际行动感化着村民。村道德讲堂定期开课，通过诵读一篇经典、学唱一首孝心歌曲等方式提高群众参与的积极性。讲堂主要讲解如何处理好家庭关系、夫妻关系，如何教育孩子以及如何孝敬老人等内容。通过培训，群众对如何正确对待和处理家庭问题有了新的认识，在潜移默化中不断提升道德素质。

评选村道德模范，引领加强道德教育。韩西村开展了“献爱心、办实事”活动，制定了对贫困老人的帮扶政策，对特殊困难的老人进行一对一的帮扶政策，对不尊老敬老的人员进行批评教育。该村在村务公开栏中设立了光荣榜，每逢九九重阳节，该村都会开展“好媳妇”“好婆婆”“十大孝子”评选活动，并给他们颁发奖品和证书，大大激发了村民的荣誉意识，形成了争当“好媳妇”“好婆婆”“好孝子”“模范夫妻”的良好氛围。该村通过典型示范引领，大力选树典型，着力解决道德领域的突出问题，引导群众正确对待和处理家庭问题，广泛传播凡人善举道德故事，在潜移默化中提升了全村人的道德素质。

被评为“十大孝子”的刘合生，妻子去世，还有一个80多岁的老父亲。他一直无微不至地照顾父亲，帮他洗衣服、做饭、洗脚。被评为“好媳妇”的丁庆荣上有两位老人，下有几个孩子，丈夫已去世。她在家中做饭、洗衣服，没有让两位老人生过气，操过心。刘合生、丁庆荣的事迹只是一个缩影，在敬老爱老先进事迹的影响下，全村孝老之风蔚然兴起。

（十四）聊城：高唐县姜店镇东白村

东白村位于聊城姜店镇，全村有169户，630人，年集体收入10万元。

东白村在历史上就有忠孝传家的优良村风。几百年来，该村村民继承、弘扬忠孝文化，恪守忠孝之道，村庄尊老孝亲传统根深蒂固，忠孝传家蔚然成风。史上白世倘治理台湾成绩斐然，康殿惠万里护送尽忠尽孝成为美谈。东白村根据这一历史典故，继承挖掘忠孝文化，寻找收集相关线索，不断把忠孝文化发扬光大。东白村以全省精神文明示范家园建设为契机，精心打造了忠孝广场。同时，他们还将本村的孝星典范、长寿之星公示上墙，融汇成了一道集景点观览、文化传承、宣传教育为一体的综合文化长廊。村里制作了“孝、诚、仁、爱”四德宣传栏、四德榜等，营造出了浓厚的思想教育氛围。另外，村庄大街墙壁上绘制了社会主义核心价值观内容，让老百姓抬眼可见，耳濡目染，起到了良好的宣传教育作用。

东白村每年开展“好媳妇”“好婆婆”“诚实守信户”“孝星”“公益热心人”等各类道德模范评选活动，培养挖掘典型，树立典型榜样，引领社会新风尚。村里对评选出来的各类模范典型大张旗鼓地表扬，并公开上四德榜，营造我上榜我光荣的浓厚氛围。村干部对每一届评选出的道德模范都亲自上门祝贺，发荣誉证书和一份小礼品，以资鼓励，弘扬新风正气。通过这一活动，激发了全村群众人人争当道德模范的热情，也实现了村民自我约束、自我教育、自我管理的良性循环，村庄文明风气越来越好。

村里成立了红白理事会组织，并根据《姜店镇婚丧事宜新规范》的要求，制定出本村的红白事具体操办标准流程。凡是本村村民都要严格执行制定的规章制度，不存在特事特办、另事另办，一把尺子量到底。喜事新办，提倡低碳、节俭办婚礼。丧事简办，一律三天下葬，取消大棺材，统一用骨灰盒埋葬。操办期间，不准摆宴席请宾客，只允许出殡当天管一顿饭，人手“一碗端”。村里推行集中安葬，统一建设了安葬地，实行文明殡葬、生态殡葬、绿色殡葬。群众很满意，自觉主动移风易俗的积极性高涨。

（十五）济宁：曲阜市圣源村

圣源村坐落在孔子诞生地尼山脚下，是当初五川汇流之地，也是儒家文化的诞生地，故名为圣源。圣源村现有村民 156 户，560 人，全村耕地面积 420 亩，村集体年收入 30 万元。近年来，圣源村积极响应乡村文明建设和新时代文明传习中心建设号召，开展乡村文明行动，推进儒学普及，努力建设曲阜市乡村文化振兴的典范。

作为儒学诞生之地，圣源村文化积淀厚重，自古以来百姓就特别注重传统文化，识礼仪、重孝道、讲诚信成为圣源人普遍认可的道德追求。圣源村以村庄整体规划建设为契机，结合原有风貌，实施了文化涵育社会主义核心价值观提升工程。该村以乐慈、乐耕、乐仁、尚勤、尚俭等为主题，打造了 26 个文化主题胡同。他们在墙壁及胡同内绘制《论语》名句、诗词典故等宣传画，形象地展示文化内涵；以文化长廊为核心建设休闲文化广场，辅以《论语》名句、核心价值观内容，让老百姓看得明白，记得清楚。

为丰富百姓的文化生活，圣源村整合文化广场、农家书屋、“和为贵”调解室等场所，以“新时代、新思想、新农民、新生活”为主题，运用新时代文明传习室传播儒家文化和尼山精神，加快推进圣源村新时代文明传习中心建设；以“百姓儒学节”为载体，开展圣地人家、尼山好人等评选，举办邻里宴，开展孝亲爱老活动。该村设立了孔子学堂，在农闲时节、周末等时间邀请儒学讲师到村进行孝道、诚信及邻里和睦为主题的宣讲，让百姓从思想上重视，在行动上自觉践行。

圣源村弘扬家风传承，培树文明乡风。除了将传统文化引进来，圣源村更注重让优秀传统文化入户入院。圣源村结合每家每户的特点，制定了不同的家风家训。耕种之家，就突出耕读传家；经营之户，就突出诚信友善，以好的家风来带动好的村风民风。

圣源村将儒学为代表的传统文化、社会主义核心价值观融入乡村治理中，实现了村风改善，村民富裕，更形成了“儒乡圣地”文化品牌，成功入选山东省第二届乡村治理论坛优秀案例。圣源村得到了《人民日报》、中央电视台、《大众日报》等重点主流媒体的广泛关注。2017年央视《谁不说俺家乡好》、山东卫视《文化传承在齐鲁》等节目在圣源村取景拍摄。2018年2月，中宣部黄坤明部长莅临圣源村视察乡村文明建设工作，对圣源村运用传统文化推进乡风文明建设的做法给予高度评价。2018年5月，青岛上合峰会外国媒体记者团来到圣源村参观，来自海内外的多家媒体记者对圣源村的发展纷纷给予点赞。该村累计开展了20余场文明实践活动，文明实践深入人心。

（十七）济宁：邹城市峄山镇大庄二村

大庄二村位于孟子故里——邹城市东南6公里处，紧邻国家森林公园、AAAA国家级旅游景区——峄山，金临路、大泉路、邹王路等主干道路穿村而过。全村共有185户，668人，其中党员20名。全村耕地面积1600亩，主导产业为林果种植业。

自1993年以来，大庄二村始终把乡风民风培育和移风易俗作为提高群众文明素质的总抓手，坚持每年举办精神文明评选表彰、乡村儒学、孝道传承教育等精神文明创建活动。该村特邀孔子研究院院长杨朝明教授、房伟博士等专家、学者，定期来村开展讲学，带动村风民风持续改善，推动村庄乡风文明和谐发展。

自1993年开始，全村启动实施家庭文明“细胞工程”，开展“十星级文明户”评选活动。该村制定了《大庄二村精神文明建设工作实施意见》，建立了农民家庭文明档案。在评选过程中，村委会成员先让每户对照“十星级文明户”标准，自报星数，再由群众代表、党员代表、村精神文明工作小组成员对每户自报星数进行评议。评选活动每半年举行一次，最后村委会将确定后的每户星数进行张榜公布，年终总评，进行隆重表彰奖励。

大庄二村连续 26 年开展以“好媳妇、好婆婆、好妯娌”“科学种田示范户”等为主要内容的文明村民评选活动。评选过程坚持“让群众说话”的原则，实行“海选”的形式，由每家每户进行投票，然后按照得票数，由高到低评出先进个人。截至目前，全村共评选出好媳妇 310 余人次，好婆婆 290 余人次，好妯娌 420 余人次。对评选出的好媳妇，除给予物质奖励外，村委会还采取给娘家送喜报的办法，不论女方娘家远近，一律敲锣打鼓，隆重地将喜报送到女方娘家，让“好媳妇”社会上有地位、父母脸上有光彩，此举赢得了社会各界一致好评。

为切实扭转群众在红白事上大操大办、跟风攀比的陈规陋习，发挥群众自我对照、自我教育、自我管理作用，大庄二村始终把移风易俗工作作为精神文明建设的重要工作来抓。2006 年初，在征得群众一致同意的基础上，大庄二村成立了红白理事会，组建了红白喜事服务队。村两委干部为主要成员，无偿为群众提供服务。同时，村里组织群众代表、党员代表、村精神文明领导小组人员，挨家挨户做群众思想工作，逐户与村民签订《大庄二村移风易俗协议书》。通过改革，对红白事程序进行了简化，制定了《红白事运作章程》，规定了招待范围、招待标准及新式礼仪制度。所有红白事除当事人直系亲属、三代以内旁系血亲，其他亲友一律不参与用餐。招待标准上，严格执行每人不高于10元的份饭标准；礼仪制度上，废弃传统跪拜仪式，实行新式礼仪，杜绝聘请唢呐演出队伍等。2006年至今，村内红白喜事全部按照章程办理，平均每起节约费用近万元，全村累计节约资金300余万元，大大降低了群众的家庭负担。群众将节约资金用于投资生产、改善生活条件，生产生活水平大幅提高。

下一步，该村将结合当前环境保护和移风易俗工作的新情况、新要求，进一步完善有关制度，将禁放烟花爆竹等条款纳入《红白事运作章程》，为生态文明社会建设营造良好氛围。

（十六）德州：平原县龙门街道军仓社区

军仓社区位于县城西3公里处，下辖4个村，总户数326户，总人口1200人，共有党员45人。2015年1月，4个村全部拆迁上楼，并配套建成小学、幼儿园、卫生室、警务室和社区服务中心等便民服务场所。辖区交通便利，商业繁荣。按照社区建设的要求和军仓社区实际，社区建立了党员干部群众培训室，设立了阅览室、棋牌室等，配备了多种健身器材等文化体育设备。

近几年来，军仓社区坚持以硬件建设为基础，以活动为载体，以提升道德建设为抓手，大力开展乡风文明建设，推进乡村文化振兴。

军仓社区设立了“四德”工程宣传栏，制作了“善行义举四德榜”，让居民身边的模范上榜，引领风尚。社区悬挂横幅、张贴标语，并针对老年人群定期进行有线广播宣传，使活动深入人心，赢得了全村居民的支持，营造了深厚的乡风文明氛围。

社区开展了法制宣传进社区活动，充分利用“道德讲堂”这个小阵地，由群众“点餐”，每月有针对性地举办各类讲座。社区倡导移风易俗，制定完善了《社区公约》，组建了红白理事会，鼓励厚养薄葬，严禁大操大办。社区组建了多支文艺宣传队，唱身边人，演身边事，牢牢占领群众的思想文化宣传阵地。他们坚持把尊老敬老传统美德作为评选“文明户”“好儿女、好婆媳、好夫妻”活动的重要标准，在全村建立“善行义举四德榜”，通过每月召开道德评议会确定上榜人员，确实让上榜人员起到宣传带动的作用。社区坚持把立家规、树家风活动作为建立健康家庭文化、构建和谐社会的重要抓手，着力传承中华美德，践行社会主义核心价值观。

为提升社区居民满意度和幸福感，2018 年 7 月 18 日，军仓社区引入怡然社工组织，积极开展社区社会工作服务。为尽快拉近与社区居民的关系，得到居民的认可，在夏季高温服务中心没空调的情况下，怡然社工利用手指操、回春操这种老年人易于接受的活动方式，以社区内各个居民乘凉的聚集点为项目活动点，天天定时在社区内 4 个项目活动点开展活动，将服务送到居民身边。他们组织起了“夕阳红”舞蹈兴趣小组、“歌声飞扬”歌唱兴趣小组、“空谷传声”歌唱兴趣小组、“妙手生花”手工兴趣小组、“妙棋”棋牌兴趣小组、“墨韵飘香”书画兴趣小组等。他们走进社区开展“情暖夕阳、温暖社区”项目，走访高龄老人、残疾老人、失能半失能老人，与老人聊天、打扫卫生，赠送爱心坐垫，提供心理辅导。怡然社工还承办了“和谐邻里”庆双节文艺汇演，演员全部为本社区志愿者和居民。

（十七）德州：武城县广运街道黄花园村

德州市武城县广运街道黄花园村现有234户，1070人。该村原为县城西部一个城郊村。为响应县委县政府的号召，2010年8月，该村进行了整村迁建。他们共筹资9000余万元，新建安置楼22栋，占地8万多平方米，并在2011年9月完成了回迁安置，成为全县第一个成功入住的农村社区。

近年来，该社区先后被授予全市民主法治示范村、全市妇联工作先进单位等荣誉称号。2018年，该社区又获得山东省“四德工程”建设示范点荣誉称号。

该社区高度重视“四德”活动的开展，成立了由村支部书记任组长的“四德”工程建设领导小组。他们结合社区实际，制订出了黄花园社区实施“四德”工程建设的详细计划，完善了定期学习制度，配齐了老年人互助会、巾帼志愿服务队等队伍人员，每年定期评选孝贤模范，走访社区老人，并通过各式各样的文艺活动使得“四德”活动深入人心。

为使“四德”活动深入每一户、每一个人心中，该社区通过各种载体不断营造“四德”建设的活动氛围。为加强“四德”工程的宣传，该社区成立了一支由100人组成的“四德”宣传队，每天晚上在社区广场教群众扭秧歌、跳广场舞、唱脍炙人口的歌曲等。他们在每年中秋节、重阳节、元旦、春节等节日组织大型文艺演出，吸引广大群众主动参与。该社区还将“四德”建设与社区建设相结合，将入区道路建设成为一条“四德漫画一条街”，在道路两旁描画了以孝敬父母、敬老爱老为主题的漫画。同时，他们还在社区服务中心走廊、楼梯上悬挂二十四孝、传统美德故事等宣传画，营造了“四德”活动的氛围。该社区注重典型的引领作用，建立了孝文化讲堂，每月定期组织一次公开课，邀请县内外孝贤到社区座谈、播放道德专题片等，还开展了本社区“好婆婆、好媳妇、好儿女”评选活动，先后涌现出文明幸福家庭 20 个，五好家庭 10 个，好媳妇 5 人。

该社区组建了老年人权益保障委员会和家族评议堂，并在此基础上制定了老年人权益保障委员会走访制度。他们设定每月 26 日为集中走访日，主要走访 70 周岁以上老年人、孝贤之家、五好家庭、老干部、老党员、五保户和困难户，为他们解决了实际困难。该社区还成立了妇女之家——巾帼志愿者服务站，主动开展调解家庭纠纷、疏导妇女情绪、维权咨询、帮助妇女创业就业等工作。该社区还成立了一支巾帼志愿服务队，现已吸纳了 50 名热爱公益的巾帼志愿者。他们将每个月的第一个周六定为巾帼志愿服务日，开展服务活动。该社区建立了快乐儿童成长站，配备了 2 名专职心理辅导老师，主要通过谈心为留守儿童解决心理问题。心理辅导老师为每位留守儿童制作了成长联系卡，帮助留守儿童每月至少与家人联系一次。

黄花园社区“四德”工程建设工作开展以来，民风淳厚，邻里和睦，一心一意谋发展的文明新风尚已经形成。

（十八）菏泽：成武县党集镇胡楼村

胡楼村位于党集镇西南部，全村共有 343 户，1280 人，其中党员40人，村集体年收入12万元。近年来，该村紧紧围绕“乡村振兴文明先行”的工作思路，以“乡村文明行动”带动村庄实现产业兴旺、基础突破、生活富裕、民风向好。该村先后被评为“省级文明村”“省级乡村文明家园”“全省干事创业好班子”“菏泽市优秀服务型村级党组织”等荣誉称号。

该村的乡风文明建设经验主要体现在以下几个方面：

一是文明带动，阵地建设全面夯实。该村大力开展“星级党员”评选活动，进一步激发党员活力，提升党组织凝聚力、战斗力；实施党建“十个一”活动，提升党员奉献意识，加强党建氛围宣传，组织生活更加规范，党员形象更加闪亮，党员带动乡村文明、环卫治理、经济发展、脱贫攻坚能力进一步增强。该村配备了乡村文明办公室等标准化场地设施，粉刷“乡村文明”主题墙体画近300平方米。此外，该村集体评议、修订了《村规民约》，将移风易俗、城乡环卫纳入《村规民约》，打造了“乡村文明”宣传教育生态长廊。

二是文明带动，乡风民俗整体向好。胡楼村持续深入开展移风易俗工作，成立了红白理事会。红白理事会修订了红白事标准，实行红事白事报备登记制度，实行“随礼不坐席，就餐一碗菜”，大力推进殡葬改革。村妇女主任担任本村“义务红娘”，抵制高额媒礼、彩礼，倡树婚育新风。

三是文明带动，活动组织丰富多彩。该村以村文化大舞台、秧歌队、广场舞队为基础，举办了乡村文化艺术节，丰富群众文化生活。胡楼村以道德模范评选为抓手，大力培育文明村风。村里每年组织开展“好媳妇、好婆婆、好妯娌”“四德之星”“星级文明家庭”“卫生家庭”等各种评选活动，并张榜公布，倡树四德榜样。村委会为胡楼村 20 余位孤寡贫困老人建立了“幸福院”，定期组织党员群众开展孝老爱亲志愿服务。

乡风文明、幸福宜居是胡楼村工作的基本原则和目标。通过乡村文明行动，胡楼村村风更加文明，氛围更加和谐，群众生活更加丰富。

（十九）枣庄：市中区光明路街道东盛社区

光明路街道东盛社区成立于 2011 年 5 月，下辖白马庄园、福华园、德仁俊园、巨典豪庭、国泰花园共 5 个居民小区。该社区总人口 4264 户，13644 人。社区始终秉承“文明创建、创建为民”的工作理念，把文明社区创建工作融入日常工作和服务中，既美化了环境，又惠及了民生。2013 年，东盛社区被评为“省级文明社区”。

东盛社区坚持以便民为总目标。他们在社区服务中心设立了六个功能室，让在职党员亮身份、亮职责、亮业绩，做到了设备齐全、制度上墙、专家预约，切实发挥了作用。社区设立了爱心易站，居民闲置的物品共享互换，搭建了一个公益互动的平台；设立了志愿者活动室，组建了红色雷锋、橙色守护、金色文体、绿色教育、青色扶助、蓝盾法律、紫色关爱七支志愿者队伍，为居民提供贴心的志愿服务；设立了青少年活动室，整合校外教育辅导站、青少年绿色网吧、图书阅览室、文体活动室等资源，搭建了服务社区未成年人健康成长的综合平台；设立了缤纷水果家园，带动更多的居民参与到文体活动中，丰富了居民的精神文化生活。

东盛社区加强文明劝导，营造文明风尚。第一，该社区大力推广志愿服务。由社区党员志愿者牵头，七彩志愿者服务队充分发掘队员特长，积极为社区居民办好事、解难事，先后开展了福华园小区环境整治、大型义诊、“邻里文明相约、友情相助同行”等活动，志愿服务在社区蔚然成风。第二，该社区积极开展文体活动。社区设立了健身房、图书室、文体广场等文体设施，为居民提供了便捷的活动场所。社区整合成立了戏曲、秧歌、健身舞、乒乓球、篮球、书画等活动小组，促进了文体活动健康有序开展。第三，东盛社区积极倡导文明新风。他们在各小区设立了“讲文明树新风”公益广告，组织了美丽家庭和四德榜评选表彰活动，开展了科普、卫生、法律进社区活动，举办了“小手拉大手、文明一起走”绘画展以及“与美丽相伴、与文明同行”消夏文艺晚会，文明新风深入人心。

（二十）泰安：肥城市新城街道伊家沟社区

伊家沟社区位于肥城市城区北部，是典型的“以村为核心、村社融合”新型社区。社区辖区面积近 3 平方公里，社区内共有单位及小区 53 个，其中小区及家属院 32 个，居民 9469 户，2.4 万余人，辖区党员 1123 人，是核心引领型社区。近年来，伊家沟社区不断深化社区管理改革，在经济建设、环境治理、为民服务、精神文明、文化建设等方面突出用力，被山东省精神文明建设委员会授予“省级文明社区”、2018 年省级“最美志愿服务社区”荣誉称号。

伊家沟社区大力倡导精神文明，致力于弘扬传统美德。该社区的主要经验有以下几个方面：

第一，该社区在文体活动广场组织开展了广场舞、戏友会、太极拳、文化汇演等多种形式的大型文体活动。例如，欢乐闹元宵文艺演出、庆三八趣味运动会、庆五一暨全国文明城市创建文化汇演、传统戏曲进社区文化活动、“奋进新时代·共创文明城”消夏文艺汇演、“庆中秋迎国庆”文艺演出、“庆国庆·唱大戏金秋文化周活动”等。社区被肥城市委宣传部授予“基层公共文化建设先进社区”荣誉称号。

第二，社区积极利用图书阅览室、书画室、棋牌室、舞蹈室、社区党校、道德讲堂等场所开展全民阅读、亲子阅读、党员学习教育、家庭教育课堂、孝德讲堂、书法交流会等活动 30 余次。2018 年，社区共组织开展以“讲文明，树新风”“文明城市创建”为主题的各类活动 90 余次，向居民宣传文明健康的生活方式，培养居民的文明健康意识。

第三，社区积极开展“优秀党员”“我身边的好人”等评先树优活动。社区定期召开总结暨评先树优表彰大会。2018 年年底，社区召开了“年总工作总结暨表彰大会”，大张旗鼓地表彰了 105 个社区不同层面的先进典型和文明道德模范。其中，优秀物业管理小区 3 个，创城先进单位 5 个，社区先进工作者 7 人，优秀党员 22 人，片区先进工作者 15 人，小区物业先进个人 6 人，“四德”模范标兵 45 人。社区通过开展表彰活动，树立典型，弘扬新风正气。

第四，社区积极帮助特殊家庭、困难家庭、独居老人、困难儿童。伊家沟社区多次开展慰问困难居民的入户走访活动。社区全年共走访慰问居民 174 户，其中困难家庭 140 户，大病救助 14 人，帮助困难儿童 9 名，困难老人 11 名。社区的帮扶工作得到社区居民的高度认可和称赞。

第五，发挥好道德评议会、红白理事会的作用。社区对一些不文明现象敢于评议，敢于抵制，参与解决了一些社区事务中很难解决的问题，社会不和谐的事情逐渐减少。

（二十一）泰安：肥城市高新区南仪仙社区

南仪仙社区位于肥城高新区，共有 587 户，2206 人，其中党员 79 名，耕地 463 亩。2010 年，该社区被评为“省级文明社区”。

近年来，南仪仙社区深入贯彻乡村振兴战略和中央、省市一系列决策部署，积极倡导文明有序的生产生活方式和行为习惯，不断满足村民对美好生活的向往，培育文明和谐村风民风，使社区焕发出文明乡村新气象。

社区高标准打造了新时代文明实践广场、精神文明一条街及楼道文化，大家在潜移默化中形成了一种健康文明、积极向上的生活观念。社区每年在广场上举办各种文化活动 8 次以上，按照时间节点举办元宵文艺晚会、趣味运动会、消夏文艺晚会、百姓大舞台等活动。这些活动全部都是社区群众自编自导自演，真正是以身边事教育身边人，以身边人干好身边事，让群众在家门口享受到更多的文化服务。同时，社区开展了看电影、疾病预防与养生讲座、健康查体等活动。系列活动的开展，不仅丰富了村民的业余文化生活，还增进了大家的理解、包容与友谊，加深了情感，提振了群众精气神，增强了群众幸福感。

社区成立了党员志愿服务队、文化志愿者服务队、便民志愿服务队、五老志愿服务队共四支志愿服务队伍，开通了 24 小时服务全时通，做到了村民需求不过夜、服务群众零距离。社区定期开展义务劳动、文艺演出、便民服务、儒学宣讲等活动，村民广泛参与，形成了人人争当志愿者的浓厚氛围。

社区组织一批热爱传统文化、德高望重的老干部、老教师成立了乡村儒学宣讲团，每月开展以孝道、诚信、家风等为主题的儒学宣讲，用身边的人讲身边的事，通俗易懂，得到了社区群众认可。同时，社区采取邀请专业老师授课、轮流领学、播放视频讲座等灵活学习形式，组织社区群众学习。学习内容涉及政治理论、国家政策、健康知识、家庭教育、安全知识、孝道、社交礼仪等方面，大家都能听得懂、愿意学、用得上。

从 2005 年起，社区每年都会开展“先进工作者”“十星级文明户”“优秀共产党员”“勤劳致富户”“好婆婆”“好媳妇”等多种评比活动，培养树立典型。这些评比活动让群众看到了榜样，明确了目标，形成了比学赶帮超的浓厚氛围，带动了全村精神文明建设整体推进。

（二十二）泰安：宁阳县八仙桥街道川寺村

宁阳县八仙桥街道川寺村自 1995 年开始评选“十星级文明

户”，至今已经坚持了24年。

为保证评选结果公平公正，“十星级文明户”评选有着严格的程序。首先，村里将评选标准和参选表格送到村民家中，每家根据自家实际情况申报星级，然后由村民议事会初评，村两委总评。总评结果在村里最显眼的地方进行公示，接受群众监督。得到十星级评价的群众，每年年终时将得到村里发的“十星级文明户”牌子，还能享受“全年四免费三发放”的奖励，即“十星级文明户”都可免费得到防盗防火险、麦秋两季自然灾害险，70岁以上的老人可免费办理意外伤害险。村里为他们发放100元现金和1桶油，文明户中70岁以上的老人每人还能得到额外的100元奖金。家里有考上本科的学生，村里再奖励1000元。

24年过去了，“十星”在川寺村不仅没有陨落，而且越发璀璨。在川寺村，“十星级文明户”的标牌已经得到了所有村民的认可，成为一种衡量村民为人的标准，成为一种和谐家庭的符号，村民走亲串友时，大家都会看看这个家庭有没有牌子，有几块牌子。

“十星级文明户”评选激励着村民人人争做好事，当好人。一开始，全村只有近五成村民上榜，且七星级、八星级的家庭较多，“十星级文明户”较少。现在，全村329户群众中，已有206户成为“十星级文明户”，尊老爱幼、邻里团结已在川寺村蔚然成风。

（二十三）日照：五莲县汪湖镇仁旺村

日照市以注重家庭、注重家教、注重家风为着力点，大力实施“日照好家风”培育工程，引导广大群众树立家国情怀，以家风促民风带社风，助力“五城同创”，为日照高质量发展提供精神动力支持。“日照好家风”培育工程的重点任务即围绕家风建设，开展五大主题实践活动，建设三大阵地，创作一批文化精品，来系统化、立体化地培育“日照好家风”，将“日照好家风”深入每家每户，延伸到各个角落，让广大群众在共建共享中有更多获得感、幸福感。

五大主题实践活动包括开展文明家庭创建活动，组织各类最美家庭角色评选，开展“良好家风助成长”活动，积极发挥母亲讲堂、“润禾”家庭教育大讲堂作用，普及科学家教知识。

建设三大阵地，包括建设“日照好家风”学习中心，收集、整理、展示日照好家风家训；建设家风文化公园，让市民在休闲娱乐中受到优秀家风文化的熏陶；建设家风文化广场、文化长廊、文化街、文化墙，将家风家训、名人经典家风故事和本地评选的最美家庭，通过图片、文字、漫画等形式进行展示。

日照市创作了一批文化精品育家风，推动家风建设生动化。日照市组织文艺工作者对“日照好家风”故事进行再创作，多角度展示家风家训的艺术魅力。他们组织史志专家、文化学者挖掘提炼当地传统乡贤资源、红色文化资源和当代优秀家训等日照本土特色好家风，编辑推出“日照好家风”系列丛书，为推进家风建设提供了丰厚的文化滋养。他们还组织书法、美术、摄影等文化志愿者，开展好家风家训书法绘画、摄影作品等展览展示，提升家风建设的文化魅力。

为弘扬传统美德、涵养良好家风，日照市妇联在2019年春节期间向广大家庭发出了“传承好家风，过平安文明年”的号召。日照市妇联表彰了70户“最美家庭”，组织35名“最美家庭”代表出席晚会，走访看望部分家庭。日照市妇联联合大众网日照频道开设了《传承日照好家风》栏目，活动启动以来，得到了社会各界的广泛关注。广大市民网友积极晒出好家风，陆续推出了一批优良家风的典型。优良的传统家风在日照广为传播，文明和爱的旋律不断奏演。五莲县汪湖镇仁旺村召开了“美丽家庭”表彰大会，表彰了五星级示范户10户，四星级示范户13户，三星级示范户27户。

（二十四）威海：高新区初村镇马石泊村

过去，马石泊村是初村镇乃至高新区出了名的“问题村”，班子不和，村情不稳，是省定贫困村。仅仅两年时间，该村现在已经是市美丽乡村示范村、乡村振兴引领村和市民主法治示范村，村里132户200名贫困户全部摘帽脱贫，去年村集体收入29万元。

马石泊村着眼于传承和宣扬村内孝善文化，打造了孝德主题文化园，村主干道两侧随处可见孝道文化墙彩绘。在这所“口袋公园”内，村里建设了一处百姓大舞台，为村民提供了日常休闲娱乐的好去处，也为丰富群众文化生活提供了载体和平台。村里的威高康养小院是镇上发起建设的，计划为60岁以上的老人每顿午餐补助2元钱。威高康养小院功能室功能齐全，暖心食堂、卫生室、棋牌室一应俱全，既能解决村里空巢老人、留守老人吃饭的问题，也让村里的老百姓充分感受到高新区园区发展带来的民生红利。

马石泊村可以说是初村镇乡村文化振兴工作的一个缩影。近年来，初村镇结合农村乡村特色文化，推进新时代文明实践中心建设，注重加强特色文化传承保护，推进儒学讲堂和历史文化展室的完善工作，组织初村镇百姓才艺秀、山东大学威海分校文艺下乡、送戏下乡等活动 30 余场，丰富了群众的精神文化活动。

八、发展乡村旅游，建设美丽乡村

（一）淄博：淄川区寨里镇朱水湾村

朱水湾村位于山东省淄博市淄川区寨里镇东部山区，这里生态环境优美，民风淳朴。该村 2012 年以来通过招商引资，由淄博朱水湾露营旅游开发有限公司投资兴建了朱水湾汽车房车露营地，大力发展乡村观光旅游。该村先后获得“山东省美丽休闲乡村”“中国美丽休闲乡村”称号。

朱水湾汽车房车露营地项目占地 7000 亩，总投资 2. 8 亿元，由淄博朱水湾露营旅游开发有限公司投资兴建。公司一直秉承生态农业与房车露营相结合的经营理念，实行电子商务、网络平台与自驾游相结合的经营模式，打造集房车露营、特色种植养殖、休闲观光等于一体的综合休闲生态园区。

朱水湾汽车房车露营地于 2015 年正式对外营业。在不到 2 年的时间里，朱水湾的品牌迅速红遍省内各地市，接待游客范围涉及临沂、济南、威海、青岛、潍坊、滨州、东营等城市，影响力持续扩大。公司坚持将生态建设放在重要位置，倾心致力于将当地的山体植树绿化。通过实施增绿、造绿工程，因地制宜地种植经济林果，包括樱桃、桃树、苹果树、核桃树，改善当地生态环境的同时也获得了一定的经济效益。

图 96　朱水湾村的建筑（淄博市委宣传部供图）

图 97　朱水湾村的道路（淄博市委宣传部供图）

公司在运营过程中，积极与村民合作，一起开发农产品，并且就地使用到公司经营中，给村民带来不小的经济效益。同时，公司还为村民提供了诸多就业机会，带动农户 70 余户，增加了当地村民的经济收入。他们还定期给村民发放福利，为朱水湾村修缮道路，建设休闲广场，改变了村容村貌，提高了村民的生活质量。

（二）烟台：长岛县南长山街道王沟村

王沟村三面环山，东临黄海之滨，旅游资源丰富。近年来，长岛县南长山街道王沟村对标“五大发展理念”，建设生态宜居乡村，营造良好产业发展环境，使村民收入不断增加，村级集体经济不断壮大，村容村貌不断改善，渔村发展呈现新业态。

王沟村发展旅游服务业由来已久。1998 年，王沟村自筹资金 800 余万元，以唐王东征传说为主要蓝本，修建了仙境源风景区，这是长岛县第一个民营风景区。1999 年 7 月 1 日，景区工程竣工试营业。1999 年，王沟村 8 家渔民首创“吃住在渔家，游乐在海上”的长岛“渔家乐”特色旅游产业。游人白天乘船观光垂钓，夜晚品尝海鲜和风味小吃，还可以在海滩开篝火晚会，喊渔家号子，跳渔家秧歌，听渔家故事。王沟村观光旅游产业以此为起点逐渐发展起来。

2014 年 5 月，“王沟渔家乐风情园”动工，项目规划用地 80.1 亩，共建设了 33 幢渔家别墅，建筑面积 2.8 万平方米。该项目 2016 年 8 月竣工，总投资额 8700 万元。2017 年 5 月 21 日正式开园营业，成为长岛县第一家集中运营的高端渔家风情园区。

依托景区打造的乡村良好生态，依托渔家乐风情园建设的良好乡村面貌，王沟村将人居环境与产业结构联合发展，实现了乡村振兴。

（三）潍坊：安丘市辉渠镇小麦峪村

小麦峪村位于白山头水库上游、望海山西侧，离辉渠镇政府驻地6公里。全村共108户，329口人。近年来，该村积极响应上级号召，立足村庄资源优势，大力发展农家乐和乡村旅游，收到了较好成效，为乡村振兴提供了有益助力。

该村旅游资源丰富，泉水众多，山清石奇，拥有“三山”“四泉”“七潭”等自然景观和花石桥、石梯子、仙人洞等古迹。他们聘请专业规划团队制定了发展规划，突出山泉、生态和石头民居主题，规划建设了凤凰泉、“望海山居”农家乐、精品采摘观光园等项目。2018年桃花节期间，该村的农家院全部爆满，接待游客近2000人次，其中一家农家乐饭店收入近2万元。

小麦峪村是国家地理标志产品“望海山小米”的主产区，特色农产品资源丰富。为提高旅游收益，村里对小米、绿豆、核桃、红薯、花生、鸡蛋等特色农产品统一包装、统一标识，并设立农产品超市进行集中展示和销售。该村还发展特色采摘基地。在发展了100亩樱桃园、300亩榛子园、500亩文冠果园、500亩蜜桃园等采摘园区的基础上，2018年通过土地流转和土地入股的方式，新开发文冠果种植基地1000亩，与潍坊预备役高炮团军民共建蜜桃种植基地200亩。

图 98　小麦峪村入口（潍坊市委宣传部供图）

图 99　小麦峪村的游客（潍坊市委宣传部供图）

为了规范管理服务，该村聘请了 3 名管理人员，成立了莲花山乡村旅游专业合作社，提取 20%的旅游收入作为管理费用，统一经营管理，安排住宿，提供服务。合作社聘请专家定期开展管理、厨艺、礼仪培训，规范村民旅游服务行为。为加强宣传力度，该村印制了宣传彩页，详细介绍主要景点、特色民居、旅游产品、交通路线等，为游客提供全方位的信息服务。他们还建立了微信平台，扩大了宣传覆盖面，开通了“e 村驿站”，广泛推介特色农产品。

（四）聊城：冠县兰沃乡韩路村

韩路村位于聊城市冠县兰沃乡政府驻地东北方向 5 公里处，中华第一梨园风景区就位于此村。中华第一梨园风景区属 AAA 国家级旅游景区、全国休闲农业与乡村旅游示范点。

2005 年，韩路村成立了冠县梨园生态旅游有限公司。该村以发展乡村旅游为核心理念，以百里梨乡民俗体验、万亩梨园观光休闲、平原生态游憩体验为主体功能，以梨文化为主题，计划打造集休闲、观光、体验、娱乐等功能为一体的绿色生态文化型休闲旅游区。为此，他们专门聘请山东省旅游规划设计研究院进行了总体规划设计，先后投入资金 4000 万元，建成了梨园一期工程。2017 年，他们又投资 400 余万元，在梨园内新建了梨园观光亭、梨园大戏台、文化长廊、休息茶室等景点。近年来，该村推出了春季梨花观光周等活动。自第一届梨园观光周活动以来，到韩路村的游客平均每年达到 60 多万人，并逐年递增，实现旅游总收入 1.6 亿元。

自成立至今，冠州梨园已成功举办了十三届梨园文化观光周和十一届采摘游园活动，并在节日期间引进了美食一条街、土特产购物一条街等来吸引游客。梨园在吸引各方游客、增加旅游收入的同时，也在吸引更多本地的从业者加入进来。近年来，梨园观光周期间入驻的小商贩和特色商品达 500 余家，相关涉业者达 1200 余人。周边村民为游客提供服务的同时，也增加了自身收入，真正实现了乡村振兴发展的“以点带面”。

近年来，冠州梨园充分发挥资源优势，坚持规划引领、政策支持、产业融合发展乡村旅游，重点打造了一批特色乡村旅游带。该村已有旅游饭店、农家乐等 10 余家，乡村旅游接待人次 200 万人次，乡村旅游综合收入 8000 万元。

（五）聊城：高新区韩集乡后姜村

聊城高新区韩集乡后姜村是高新区 21 个省定贫困村之一，位于聊城高新区东部，北靠济聊一级路，东临万亩古漯河湿地。近年来，后姜村紧紧抓住美丽乡村建设的机遇，突出民俗文化的引领推动作用，实施了“梦幻后姜”项目，让每堵墙壁会“说话”、每条胡同成景点、每个院落有故事、每片土地能增收。仅仅不到两年的时间，该村就被打造成了江北民俗第一村，实现了村美、人富，为全面实现小康奠定了扎实基础。

后姜村所在的韩集乡位于黄河故道，具有悠久的历史和深厚的文化传统。后姜村充分发掘这一历史文化资源，大力发展乡村旅游。该村的主要做法如下：

一是深入发掘民俗文化。该村引进了金正动画进驻后姜村，打造了以人生礼俗体验为内容、以动漫创意为表现形式的“梦幻后姜”民俗文化村项目。

二是发展美丽经济。金正动画有限公司租赁后姜村 24 处闲置院落，打造了主体民俗院落，完善了配套公共服务设施，把乡村美化与产业结合，在胡同中种植葫芦、丝瓜、葡萄等经济作物，实现收益归合作社，合作社再与农户分红。经过培训的村民或农户可以通过参与庭院经济和胡同经济来获取收益。

三是发展全域旅游。后姜村抓住古漯河开发机遇，积极抓好片区节点建设，整合各类涉农资金、旅游发展资金，全力推动后姜“江北民俗第一村”建设。该村建设了游客接待中心、产品展示中心，集中展示韩集乡黄花菜、大白菜、葡萄、小磨芝麻油、孟尝君酒等特色优势农产品资源。后姜村整合特色小吃、特色民宿等资源，规划特色旅游路线，形成了集玩、购、食、宿于一体的全域旅游。

（六）济宁：微山县南阳镇北二村

北二村位于南阳镇驻地古运河东岸，环境优美，古色古香，民风淳朴。村域面积 3.2 平方公里，全村共有 940 户，3727 口人，其中党员 55 名。村集体固定资产达 1800 万元，人均纯收入 14800 元。

近年来，北二村大力实施“新旧动能转换”重大工程和“美丽乡村”建设，不断推动全村旅游业发展，吸引大批游客慕名而至，探索了村级集体经济新的发展模式。北二村也由 1 个负债 13 万元的空壳村，发展成为年收入 104 万元的经济强村。

该村成立了微山县南阳逸农旅游专业合作社。合作社利用资源优势，帮扶有能力投资的村民发展旅游项目，发动剩余劳动力以出工挣钱的方式增加收入。经过近一年的努力，合作社项目已取得成效。北二村建立了莲藕套养龙虾实验基地，莲藕基地面积约 400 余亩，桃树 70 余亩。在旅游旺季，游客可以观赏荷花、采摘莲蓬、垂钓龙虾，增加了村集体和村民收入。该村利用状元桥和延德桥之间水域，发展特色渔家婚礼。通过龙船游行，再现乾隆皇帝下江南停住南阳的情景，以吸引外来游客，让游客在体验渔家婚礼的同时，感受南阳古镇的历史文化底蕴。对于有意向在南阳办婚礼的游客，北二村可策划召集村内闲置在家的农户，为他们举办一场独具特色的渔家婚礼。该项目目前总投资 3 万余元，带动了 22 户农户。

北二村外出务工农户较多，有很多的闲置房屋。北二村充分利用该资源，把状元桥和延德桥之间闲置的房屋集中租赁，游客既可以感受渔家生活、体验捕鱼收获感，还可以自己烹调美味湖鱼。

（七）德州：平原县王打卦镇花园村

花园村紧靠 7000 亩天然生态湿地，濒临 17 公里引黄济津绿色河道，临城靠县，距离平原县城仅 6 公里，距离德城区 28 公里，地理位置十分优越。全村共有村民 156 户，566 人，古老果园 719 亩。这里是莱阳梨的故乡，也是康熙年间探花董讷的家乡。

近年来花园村致力于发展乡村旅游，多次获得乡村旅游荣誉称号。

花园村是平原县唯一一个家家户户种植果树的特色村庄。村内的果树主要有苹果树、梨树、杏树、山楂树、桃树、柿子树 6 大类，20 多个品种。从每年 3 月底，杏花带来乡村第一抹亮丽的色彩开始，果园里的梨花、桃花、苹果花、山楂花等陆续开放，一直持续到 5 月初，花期一个多月。这期间，园子里绿意盎然，林花鲜艳，蜂飞蝶舞，吸引着大量游人前来踏青赏花，拍照留念。从每年的麦收前后早玉杏成熟开始，果园便进入采摘期，一直到 10 月底山楂采摘完毕结束。在长达 4 个多月的时间里，果园里硕果累累，游人如织。

花园村依托自身优势、特色大力发展乡村旅游，整合资金 1600 多万元，精心打造了康熙探花花园。现景区配套旅游设施完善，已建设完成乡村动物园、民俗乡贤馆、老作坊、民宿、人才公寓、旅游厕所、百亩花海、湿地公园、观景台、接待中心、廊架等项目，道路全部铺设面包砖进行硬化，门牌楼、历史文化墙、乡村体育场、农家院、路灯等设施一应俱全。景区辐射潘邓、北侯、新桥、赵庄等周边 10 余个村庄。

花园村通过举办梨花游园节、采摘节、摄影大赛、广场舞大赛等多种活动，不断提升"康熙探花花园"的品牌知名度。该村成立了平原县王打卦探花果蔬种植专业合作社，将景区内的农产品以及旅游服务等 50 多个项目全部注册了"康熙探花花园"商标。花园村每年吸引来自北京、天津、河北、济南以及周围县市区的游客高达 30 万人次，带动了全镇农产品提档升级。尤其是 10000 亩的特色早春西瓜和 3000 亩的水果等深受大家喜爱，游客纷纷慕名前来采摘，实现种植户人均增收 5000 元以上。

（八）泰安：岱岳区道朗镇里峪村

里峪村共有 230 户，646 人，山林面积 5000 多亩。近年来，里峪村依托丰富的乡村旅游资源，发展乡村旅游，使"百果之乡”变为特色旅游村。2017 年，全村共接待游客 10 万人，旅游总收入达 500 万元。

村两委通过外出学习，请专家考察论证，坚持治山治水、因地制宜、靠山吃山的发展思路，全力投入林果生产发展。该村栽植板栗、核桃、山楂、苹果、香椿，发展贡品“里峪椿芽”、富士苹果、核桃、板栗、山楂等特色品牌。里峪村采用支部+合作社+基地+党员+农户的经营模式，将村里生产的板栗、核桃、苹果等果品远销哈尔滨、齐齐哈尔等地，以及俄罗斯、韩国等国，产品供不应求，实现了村集体和农民致富的“双赢”。

该村将乡村生态环境优势转化为生态旅游发展优势，打造了“春天里峪”旅游品牌。该村整合周边九女峰旅游度假区 10 个村，建立了联合党支部，把旅游项目开发纳入支部联建，确立了以里峪为龙头的“大里峪”旅游发展格局。2017 年，该村新建儿童游乐设施、环山路、步游道、景观休闲小木屋、村庄绿化等项目。项目运营后，儿童游乐设施年可接待游客 3 万人次，实现收入 300 万元；观光车辆年可接待游客 1 万人次，实现收入 10 万元；景观木屋年可接待游客 3000 人次，实现住宿收入 100 万元；销售农副产品年可实现收入 100 万元，餐饮住宿年可实现收入 230 万元，全村实现旅游收入 740 万元，村集体增加收入 80 万元，可安置 200 余人就业。

改革开放几十年，里峪村从贫穷到富裕，从“百果之乡”到旅游全国特色村，生态村到休闲村，形成了值得借鉴的“里峪模式”。干净的庭院、复古的房屋、平坦的水泥路、醒目的指示牌、高耸的路肩灯、蜿蜒的观光路，勾勒出一幅幅乡村振兴的新图景。

（九）日照：五莲县叩关镇小榆林村

小榆林村位于日照市五莲山省级旅游度假区境内，AAAA 国家级旅游景区五莲山旅游风景区东麓，旅游基础设施较为完善，乡村旅游建设初具规模。

为带动村民致富，小榆林村凭借自身优势，大力发展乡村旅游、农业旅游。该村成立了莲山人家乡村游专业合作社，建设了板栗、柿子、杂果及有机蔬菜生态采摘园。该村积极推进“莲山人家客栈”民俗旅游接待项目、日月湖宾馆、五莲山文博苑、民俗风情步行街项目的建设。如今，小榆林村已经发展为集餐饮、住宿、采摘、农业观光、民俗文化体验、拓展、休闲于一体的大型乡村旅游基地。

小榆林村先后获得“山东省最佳宜居村庄”“省级旅游特色村全省乡村旅游示范点”等荣誉称号。在国家旅游局公布的首批乡村旅游“千千万万”品牌名单中，小榆林村名列其中，成为日照市唯一一家入选村庄。

小榆林村党支部书记王宗玉表示，入选首批乡村旅游“千千万万”品牌名单，对小榆林村的乡村旅游发展是一个巨大的肯定。他们将以此为契机，继续完善乡村旅游软硬件设施，提升服务质量，将小榆林村的乡村旅游事业推向一个新的高度。

（十）东营：河口区新户镇丁家集村

丁家集村由邓王庄屋子、丁家集两个自然村组成，位于新户镇政府东南约10公里处。全村共有146户，421人，全村土地面积84.73公顷，其中耕地面积1690余亩。

乡塾工舍手作体验空间位于新户镇丁家集村，占地400多平方米，是一家以陶艺制作体验、艺术插花、蜡染体验等传统手工艺文化体验为主体的手作体验空间。乡塾工舍手作体验空间自建成以来，在河口地区掀起一股手工体验风潮，让更多的人愿意静下心来感受生活，认真了解传统文化。

陶艺展示体验平台。在这个体验空间中，陶艺是主要项目，陶艺体验区分为拉坯区、修坯区、制作区、烧制区和展示区等部分。游客可以亲自动手，体验拉坯、捏塑、上釉、烧制等陶艺制作工艺，并可以将自己制作好的成品包装带走，留作纪念。陶艺体验制作满足了现代人回归自然、体验自我个性的要求。

花艺体验平台。在乡塾工舍，大家可以学到中式、西式花艺，花艺老师将带着游客认识各种花材，教授大家插花技艺，让游客在花材的选择取舍和插放搭配中感悟人生、提升审美、陶冶情操。

蜡染体验课堂。蜡染作为中国古老的传统手工工艺，被列入国家级非物质文化遗产名录。蜡染不仅能充分发挥体验者的想象力和动手能力，还能让游客了解大自然的神奇，更能让大家懂得传承的意义。

自2018年6月份正式运营以来，该村接待省内外游客2000余人，旅游收入3万元，受到社会各界的广泛好评，得到了众多游客的认可。

（十一）东营：垦利区胜坨镇小张村

小张村位于黄河三角洲顶点附近，垦利区胜坨镇黄河右岸，距离胜坨镇政府10公里处，距离垦利区25公里。小张村现有村民286户，760人，村庄面积300亩，耕地1100亩。

自2017年以来，小张村按照全区发展全域旅游战略，以垦利黄河滩区万亩优质小麦种植基地为依托，打造沿黄万亩生态景观，形成了集休闲观光、农事体验、农产品加工、田间采摘于一体的农业旅游胜地。

2017年3月，小张村配合东营伟豪文化创意有限公司承担了垦利万亩麦田田园综合体建设项目，完成了项目规划，实施了4处精品民宿建设工程，建设了黄河口民俗博物馆，打造了备受游客喜爱的面艺美食。5月底，该村举办了中国众兴麦田文化旅游节，推动了小麦种植及加工业的发展。

2018年1月29日，在区文广新局的具体指导下，小张村举行了“走进新时代——大美之春垦利黄河滩区家家书画家家乐”活动启动仪式，开展了剪纸艺术传承、国学讲座、乡村记忆书画采风、乡村风情摄影采风、刺绣培训、旗袍艺术表演、面艺亲子体验活动、草编艺术培训活动、旅游商品制作活动、乡村故事作家采风等一系列活动。2018年5月1日，该村举办了黄河口面塑手工制作大赛，收到了很好的效果。

2018年5月26日，小张村举办了第二届垦利麦田文化旅游节，并与香港米铺村签订了友好村协议，为小张村今后的借力发展打下了坚实基础。

后 记

《山东省乡村文化振兴案例汇编》在中共山东省委宣传部的领导和支持下，经山东省各地市宣传部合作与帮助，由山东工艺美术学院艺术人类学研究所、山东省高等学校青创人才引育计划“传统工艺振兴研究”创新团队编纂完成。

书中涉及的乡村文化振兴案例，主要由中共山东省委宣传部、山东省各地市宣传部提供。他们对案例进行了筛选把关，提供了大量文字材料和许多宝贵的图片资料，为记录这一历史时期乡村文化振兴的典型案例奠定了基础。书中涉及各个乡村、社区的父老乡亲，他们是山东省乡村文化振兴的主体力量，也是本书叙事意义上的真正作者。山东工艺美术学院艺术人类学研究所教师、“传统工艺振兴研究”创新团队成员承担书稿编撰任务，付出了辛勤的劳动。齐鲁书社为本书出版做了大量工作，尤其是责任编辑贺伟先生勤勉敬业使本书进一步完善。山东省高等学校青创团队人才引育计划“传统手工艺振兴研究”项目为本书出版提供了经费支持。在此，表示由衷的感谢！

与长期从事乡村文化振兴研究的专家学者相比，我们所提供的文字还显单薄，或有不足，敬请广大读者批评指正、不吝赐教。

是为后记。

2021 年 9 月